Fabien

Grosses bises

Bonnes Fêtes
et bonne année 2019.

Grosses bises de
Saint-Denis

Hélène

CW01669631

1x

Pierre

Saint-Orens de Gameville

Ville nature

Texte de Brice TORRECILLAS

Avec la participation d'EPSO
pour les photographies

le Pas d'oiseau

Réalisation de l'ouvrage

Rédaction

Brice Torrecillas

Habitant de Saint-Orens durant de nombreuses années, Brice Torrecillas a conservé des liens privilégiés avec cette ville où il anime régulièrement des rencontres culturelles. Ce professeur de lettres et journaliste indépendant a également publié quatre romans, un récit et plusieurs nouvelles. En résumé, un véritable amoureux des mots.

Photographies

EPSO et diverses autres sources (concours photo, service communication de la Ville...)*

Depuis novembre 2000, EPSO (Expression Photographique Saint-Orennaise) rassemble de nombreux passionnés. Qu'ils exposent à la mairie de Saint-Orens ou au Centre culturel Altigone, qu'ils aient eu pour certains les honneurs de l'Académie du Languedoc ou du Visa Off de Perpignan, il s'agit dans tous les cas de partager des connaissances et de livrer le monde comme il est ou comme ils le rêvent. Ainsi qu'en témoigne ce livre, leur regard sensible a souvent pris pour modèle la ville de Saint-Orens.

Coordination

Direction culturelle de la Ville de Saint-Orens :

Bénédicte Dachicourt et Christelle Mayran

Sur une idée de David Andrieu :

Conseiller délégué à la culture et au patrimoine, Saint-Orennais de toujours, il a souhaité prolonger le travail de F.-G. Laffon, auteur de *Histoire de Saint-Orens de Gameville*, et de Guilhem Castagné, auteur de *Saint-Orens, mon village*.

Témoignages et informations

Cyrille Barthère, France Daléas, Xavier Hérail, Louis Loupiac, Agnès Mestre et André Puis ont su par leurs témoignages apporter de précieuses informations. Qu'ils soient chaleureusement remerciés ainsi que tous ceux qui ont contribué, chacun à sa manière, à la réalisation de cet ouvrage.

* Consulter les crédits photos page 149 pour plus de détail

Le Pas d'oiseau

176, chemin de Lestang - 31100 Toulouse - www.lepasdoiseau.fr

ISBN : 978-2-917971-79-6

Ô ma ville, comment dire ton nom ?

La question se pose à quiconque découvre Saint-Orens de Gameville : comment prononcer correctement son nom ? Si nous laissons traîner un peu nos oreilles, deux possibilités s'offrent à nous. La plupart des habitants prononcent [oʁɛ̃s], terminant le mot comme dans « prince », tandis que d'autres préféreront [oʁɑ̃], à l'instar de la ville algérienne.

Ces derniers n'ont pas l'avantage du nombre mais ils peuvent se targuer de leur expérience. Ils possèdent leurs racines ici, où leurs familles vivent souvent depuis plusieurs générations. N'essayez pas de les contredire en remarquant que les noms des villages alentour, Flourens, Escalquens, ou la ville plus lointaine de Saint-Gaudens se prononcent sans équivoque en [ɛ̃s]. Leur réponse est prête : les habitants de ces communes s'appellent les Flourensois, les Escalquinois et les Saint-Gaudinois, mais eux sont des Saint-Orennais, les deux dernières syllabes se prononçant comme dans « année ».

« Saint-Oran », donc, et pour enfoncer le clou dans le terroir, on tâchera de rouler le *r*.

Pourtant les choses ne sont pas si simples. Interrogez Jean Eygun, le fondateur des éditions « Letras d'òc ». Il vous expliquera que le son [ɑ̃] n'existe pas dans la langue occitane. La prononciation « orince » serait par conséquent la bonne, découlant du latin *Orentius* qui se dit « *Orinsius* ». L'école de la République, ou un quelconque édile, lui ont préféré « Oran » car elle relevait selon eux du bon français. Une prononciation à la parisienne, en dépit du *r* roulé et de l'accent plat…

Aujourd'hui encore, les partisans de l'un ou l'autre camp en viennent parfois à s'affronter. Une aimable polémique qui démontre surtout l'attachement à leur ville, comme en témoignent aussi, au-delà des problèmes de prononciation, les différentes façons de la nommer.

Il y a Saint-Orens de Gameville, avec sa particule quasiment nobiliaire que l'on retrouve sur les documents administratifs.

Il y a Saint-Orens, parce que, dans notre région, est-il besoin de préciser ?

Et il y a Saint-O, le diminutif affectueux qui réconcilie tout le monde puisqu'il n'existe pas trente-six manières de le prononcer !

Brice TORRECILLAS

Chers Saint-Orennais,
chères Saint-Orennaises,
amis lecteurs,

Notre municipalité a souhaité la création de ce beau livre aux textes richement illustrés et faisant la part belle aux photos, afin de mettre en valeur notre commune et certaines de ses facettes parfois méconnues. Nous avons voulu rappeler les racines culturelles et historiques de Saint-Orens à travers les âges mais aussi permettre aux anciens et aux nouveaux habitants de partager un socle commun, tisser un lien particulier, développer un sentiment d'ancrage.

« Connaître son passé, c'est déjà mieux comprendre le présent et préparer l'avenir » disait Gustave Plantade, Maire de Saint-Orens de 1969 à 2001.

Créer et éditer cet ouvrage a été une belle aventure humaine, collective mais éminemment complexe en ce qui concerne la sélection des documents et des photos, le choix d'une ligne éditoriale, d'un auteur et enfin d'un éditeur.

Je voudrais tout d'abord souligner la singularité de notre commune qui a su prendre toute sa place dans la Métropole toulousaine mais aussi jouer un rôle important de « porte du Lauragais » auprès de nos terres agricoles et rurales voisines. Si la métropolisation est une tendance actuelle, son renforcement par des villes petites et moyennes lui apporte un complément d'âme indispensable. En effet, les Collectivités à taille humaine permettent une vie associative intense et une gestion plus opérationnelle des services publics de proximité.

Notre territoire, avec seulement 32 % de nos terres urbanisées, la présence de deux affluents de l'Hers, la Saune et la Marcaissonne, le lac des Chanterelles et pas moins de cinq bois (les bois du Bousquet, de Tardieu, de Tachou, du Coustou et des Chanterelles), nous offre un environnement diversifié au cachet authentique.

L'attractivité de Saint-Orens est étroitement liée à ce paysage unique où, des Pyrénées au Lauragais, les vallons cultivés et très colorés permettent des vues sublimes et souvent uniques. Ce qui caractérise aussi Saint-Orens, c'est la qualité de vie que l'on s'y construit année après année, ce sont les associations qui dynamisent et nourrissent véritablement les relations humaines et sociales, ce sont nos commerces de proximité qui animent notre village et c'est aussi le service au public que nous voulons toujours meilleur.

J'aime notre Saint-Orens d'hier, j'aime notre Saint-Orens d'aujourd'hui et je prends plaisir avec toute l'équipe municipale à servir et à préparer avec passion, dynamisme et engagement, le Saint-Orens de demain…

Saint-Orens et la culture

La sortie de ce livre correspond aux 30 ans de l'Espace culturel Altigone : il s'agissait alors d'un sacré pari pour une commune comme Saint-Orens comptant alors environ 9 500 habitants. C'était un projet novateur, il est toujours incroyablement d'actualité…

Ce sont trente années riches d'une attention constante au cours desquelles Altigone est devenue une des scènes de référence au niveau métropolitain, départemental et régional : elle apporte une plus-value incontestée à notre territoire communal.

La bibliothèque devenue médiathèque, accueillante et ouverte à une pluralité de supports, est rendue accessible aux personnes à mobilité réduite depuis 2017 et remplit très bien ses fonctions de médiation, de formation comme ses fonctions récréatives. De nombreuses actions culturelles variées de type accueil d'auteurs, conférences, expositions, journées portes ouvertes… y sont organisées. Notre école de musique et ses 350 élèves musiciens participent au rayonnement culturel de notre commune sur l'ensemble du territoire métropolitain et du Lauragais.

Saint-Orens est une ville qui vibre tout au long de l'année au rythme d'animations organisées par la commune ou par le très dynamique Comité des fêtes. Pas moins de 3 festivals d'envergure sont portés par notre ville : Le Festival du Livre de Jeunesse, le Festival Partances, et plus récemment le Festival des Arts Numériques qui vient compléter la programmation riche et variée.

Saint-Orens et son patrimoine

Le patrimoine est un marqueur qui balise le territoire, lui donne une réalité, soutient les politiques publiques. Le patrimoine est un véritable levier de développement territorial.

La Ville s'est donnée pour mission de réhabiliter petit à petit le patrimoine ancien pour le mettre au service du public : maison des associations à l'ancienne ferme de Soye, acquisition de la maison Massot, rénovation des façades de la mairie…

La Ville s'est engagée dans un projet de réaménagement urbain visant à renforcer l'attractivité de son « Cœur de ville » par la qualité de ses aménagements et la mise en valeur d'un espace public vivant, convivial et harmonieux, et la future extension du marché du samedi, lieu convivial par excellence. La recherche d'une centralité pour notre commune est pour nous primordiale tout en maintenant, dans chaque quartier, des pôles d'intérêt qui contribuent à l'identité saint-orennaise.

L'Espace Lauragais inauguré en décembre 2017, à proximité immédiate du centre-ville, a grandement conforté l'attractivité du cœur de ville par l'étendue des activités qu'il accueille aux côtés du club des aînés qui y est installé « à résidence ».

La Maison des Arts Martiaux, véritable espace polyvalent, inaugurée au premier semestre 2019, illustre la belle réputation que notre commune a acquise depuis plusieurs années, dans le domaine sportif. Cette notoriété est le fruit du dynamisme et de l'efficacité des responsables associatifs et de leurs élèves. Par cet équipement sportif polyvalent, nous avons souhaité faire rayonner Saint-Orens et offrir une infrastructure à la hauteur des ambitions de plusieurs de nos associations.

Je terminerai en citant Hermann Hesse, romancier, poète et essayiste allemand qui a obtenu le prix Nobel de littérature en 1946 :

> *« Au fond, tout vrai lecteur est également bibliophile.*
> *Car qui sait accueillir un livre et l'aimer de tout son cœur, souhaitera aussi le faire sien, le relire, le posséder et le savoir toujours à portée de main. »*

J'espère que vous garderez ce livre à portée de main. Il pourra ainsi contribuer, à sa manière, à faire de la culture un levier du vivre ensemble et un vecteur d'épanouissement. Tel est l'engagement de Saint-Orens !

Enfin, je tiens à remercier tous ceux qui ont permis que cet ouvrage voie le jour, particulièrement mon collègue en charge de la Culture, David Andrieu, ainsi que la Direction des Affaires Culturelles de la ville, notre association Expression Photographique Saint-Orennaise et sa présidente Jocelyne Saris ainsi que notre auteur Brice Torrecillas qui, par leur engagement et leur dynamisme, ont soutenu et facilité la réalisation de ce projet.

Madame Dominique FAURE
Maire de Saint-Orens
Vice-Présidente de Toulouse Métropole

Gustave Plantade

Du village à la ville

« J'aime Saint-Orens. Les habitants sont gentils, affables. Quand je m'y suis installé en 1960, j'ai tout de suite été adopté. » Cette déclaration d'amour est signée Gustave Plantade. Adopté, il le fut au point d'effectuer six mandats de maire de 1969 à 2001. Une contribution majeure à notre ville, qui a pourtant reposé sur un concours de circonstances : « Je suis devenu maire par hasard. Henri Puis m'a demandé de participer à sa liste ; je lui ai répondu que j'étais d'accord à condition qu'il n'y en ait qu'une. À son décès, j'ai pris sa succession. »

C'est ainsi que l'on se découvre une vocation : « Le rôle de maire m'a beaucoup plu, et Saint-Orens était content de moi. Nous avons été deux fois de suite la commune la plus civique de France. Avec l'électeur le plus jeune et l'électeur le plus âgé, nous sommes allés recevoir notre trophée des mains du président de la Chambre des Députés. »

Bien des souvenirs remontent à la surface. L'image d'André Gleizes s'impose immédiatement. Résistant, déporté à Buchenwald, décoré de la Légion d'honneur, il fut très longtemps son premier adjoint, comme en témoigne la plaque de la rue de Saint-Orens qui porte son nom. Ensemble, ils se retroussent les manches…

« On n'avait pas l'eau courante quand je suis arrivé, raconte Gustave Plantade. En face de chez moi se trouvait un champ de vignes. Un peu plus tard, à partir de 1970, les gens sont venus habiter ici à cause de la proximité avec Toulouse. Saint-Orens était une ville-dortoir, puis elle est devenue elle-même grâce à toutes les activités qu'elle a su proposer. » Père de quatre enfants, il prend une résolution lorsque deux d'entre eux deviennent pensionnaires au lycée Bellevue de Toulouse : « Je me suis juré qu'il y aurait deux collèges et un lycée à Saint-Orens, et que je développerais les transports. »

Mission accomplie. Gustave Plantade en remplira bien d'autres, sans jamais s'accrocher à une idéologie : « À la fin des années 1970, si j'ai adhéré au Parti Radical, c'était par amitié avec le maire de Blagnac. » Il basculera ensuite dans le camp du centre droit mais « chaque parti, estime-t-il, possède ses bonnes et ses mauvaises choses. J'ai été un maire apolitique ».

Également conseiller régional durant une vingtaine d'années, il permet au village de vivre une véritable métamorphose : « J'ai voulu moderniser Saint-Orens. Pensez que, quand je quittais la mairie pour rentrer chez moi, je voyais des rats courir dans les champs ! » Certaines réalisations demeurent particulièrement importantes à ses yeux, comme l'Espace culturel Altigone ou encore les groupes scolaires Catala, Corail et Henri Puis. Et bien entendu, le domaine du sport occupe une place de choix dans son cœur. Comment s'en étonner de la part d'un passionné de tennis, de course à pied, de football et de rugby qui fut deux fois champion de France avec le Stade Toulousain ?

Désormais, le complexe sportif de la rue du Stade porte son nom. Une reconnaissance légitime pour l'ensemble de son œuvre.

Christian Sempé

Une ville ouverte

Certes, Christian Sempé est natif de Toulouse mais Saint-Orens de Gameville lui a très vite tendu les bras. Grâce à un oncle qui y habitait, le quartier des Carmes lui servait de terrain de jeux quand il était enfant. Il y rencontrera plus tard sa future épouse, Annie, dont le parcours ressemble beaucoup au sien : tous les deux orphelins de père en bas âge, ils ont embrassé une carrière d'instituteur.

« Après un poste à Baziège, se souvient Christian Sempé, j'ai exercé à Saint-Orens à partir de 1971. À cette époque-là, ma classe se situait dans les locaux de la mairie. J'ai passé vingt ans à Saint-Orens mais j'ai également été titulaire remplaçant dans le Lauragais et directeur de l'école Damase Auba de Castanet. Je suis resté instituteur jusqu'en 2001, l'année de mon élection. Ce métier me passionnait : on est des passeurs, on sème des graines… »

Et l'on multiplie les relations humaines, ce qui offre un point commun avec la politique. Militant depuis 1968, ayant adhéré au Parti Communiste en 1974, Christian Sempé explique son engagement par l'expérience de la misère qu'il a observée autour de lui mais aussi vécue personnellement durant son enfance.

Après plusieurs tentatives, le voilà maire de Saint-Orens, rôle qu'il exerce de 2001 à 2014. Deux mandats où il défend les valeurs de la ville tout en préparant l'avenir : « La population commençait à vieillir. J'ai pris des mesures pour favoriser la mixité des âges. » Développement des transports en commun, travaux d'assainissement, renforcement de l'apport en eau potable, rénovation des chemins ruraux, mise en sécurité de zones inondables… Ses diverses actions visent à garantir le développement de Saint-Orens, ce qui nécessite une réflexion au-delà du territoire car la ville s'inscrit dans une dynamique intercommunale.

« Une ville, c'est un corps qui vit. Nous sommes dans un environnement qui évolue en permanence et il faut savoir s'adapter », explique Christian Sempé.

Restaurer, créer, pérenniser : ces mots-clés doivent s'appliquer dans tous les domaines, qu'il s'agisse de la jeunesse, de la culture, du sport, de l'environnement ou encore de l'économie. « J'ai cherché en permanence à ouvrir les services de la ville vers l'humain », déclare-t-il en illustrant cette profession de foi par la création en 1986 d'une antenne du Secours Populaire. « On m'affirmait qu'elle n'était pas nécessaire à Saint-Orens mais, hélas, la précarité montait irrésistiblement et concernait tout le pays. »

Aujourd'hui, dégagé de toute responsabilité politique, Christian Sempé a toujours l'engagement « chevillé au corps ». Ce père de trois enfants et grand-père de quatre petites-filles plaide pour une ville d'accueil ouverte à la diversité. Aucun regret ne le taraude : « Même si mon travail n'était pas un long fleuve tranquille, je suis heureux de l'avoir mené. Il y a eu des débats forts mais ils n'ont jamais occulté le respect de l'autre. »

Et s'il prend dorénavant du bon temps dans les Pyrénées, il réside toujours dans cette ville envers laquelle ses sentiments n'ont pas changé : « On ne divorce pas avec elle. Mon cœur est à Saint-O ! »

Saint-

Toute une histoire

La légende de l'église

Les figures historiques

Beautés de pierre

Orens de Gameville

Trésors du passé

Toulouse
Poste
83 ½
St Martin
la Magdelaine
Flour
Montaudran
Quint
St Orens
St Aigne
Pechbusque
Auzeville
Castanet
la Bege
Escalquens
la Garde
d'Arbassan
les Bartets
l'Aufrerie
Calvinet
Delprat
Cambon
la Bourdette
la Baraquette
Carmes
Tinard
Roudoua
Dufour
Monplaisir
Pont de Montaudran
Courege
Teuler
Ribaut
Mn Ribaut
Guibert
Fonchegrive
Truillet
la Salle
la Porte
les Arnis
les Carmes
Dussaut
Asclavels
St Jory
Algenibre
Cambon
Pierre
Bourguignon
Petit
Moui
Maillac
Rome
Suce
Encances
Alpoulit
la Pigasse
le Castelet
le College
Perdriel
l'Espinet
Cornebarrieu
les Feuillantines
Campane
Rouge
la Viguerie
le College
Bonnefoy
la Pigeonniere
Tuilerie
Monpapou
le Pinier
le Combat
le Cammas
Seaudomillia
le Communal
Cornac
Mallard
Savary
Lascaravennes
Dupin
Lanaret
Nazan
Largelle
Madron
Ribaudin
la Lande
la Pradelle
Joulia
la Merasse
Pratviel
la Bourgade
le Communal
Campistron
la Crave
Bote
le Tricou
Rangueuil
Peligots
Fabre
Degasars
la Combe
Moulinac
Encas
l'Espinet
Montaud
St Chamont
St Aigne
le Palais
Goubier
Cinquante
Delpont
Raboutier
Peyre
Lauzeta
Abadie
Ramonville
Bertrand
Fontenille
Campoussine
Peyrade
Marnac
Daubisson
Decans
Pouzol
Gaspar
Ramonville
Chirac
Pilart
Mascard
Lautar
Bonneval
Durand
Planel
Rozies
St Laurent
Resplandi
Castelvert
Dumons
Bourles
l'Hopital
Poste
la Gde Borde
la Tuilerie
le Pech
Coulon
Maine
Garrigue
le College
la Rame
Montaret
Cugnol

Toute une histoire

Saint-Orens de Gameville, c'est toute une histoire ! Une histoire très longue qui remonte au Paléolithique et qui a encore bien des choses à nous raconter.

Du Néolithique à la civilisation gallo-romaine

A.H. Dufour, La Gaule sous l'Empire romain, 1846

Deux bifaces en quartzite : recueillis sur notre territoire, ces outils de pierre taillée témoignent de la présence des humains aux périodes anciennes de la Préhistoire. Une hache polie datant du Néolithique a également été découverte. En serpentine verte, elle se trouvait dans un souterrain pourvu de cinq chambres communiquant entre elles par d'étroits corridors. Habitat troglodytique ? Magasins de vivres ? Les spécialistes n'ont pas tranché sur l'usage de cette galerie désormais disparue mais qui se situait sur l'actuelle avenue de Gameville.

Plus parlant est le site du lieu-dit Prunet, dans le quartier Catala. Avec ses *tegulae* (tuiles antiques), ses fragments d'amphores de type républicain mais aussi gréco-italique, il témoigne de la présence des Gaulois. Nous sommes au deuxième Âge du fer, au 1er siècle avant Jésus-Christ, et les Romains n'ont pas encore envahi toute la Gaule. Ils occupent cependant la Narbonnaise qui s'étend jusque dans notre région. Pourquoi ne pas s'en accommoder ? Ces gens apportent de nombreux bienfaits : ils ont peut-être planté la première vigne chez nous, et ils possèdent un sens développé de l'organisation.

Nous sommes à l'avant-garde de la civilisation gallo-romaine. D'un côté la cité de Tolosa, de l'autre la campagne et ses indispensables ressources : l'urbanisation est calquée sur le modèle de l'*Urbs* romain. Et comme il faut apporter les récoltes aux citadins, on construit des routes qui correspondent, semble-t-il, au tracé des voies d'aujourd'hui, l'avenue de la Marqueille et la route de Cayras.

L'habitat gallo-romain se développe le long de ces axes de passage. On a ainsi découvert deux stations sur le versant Sud du plateau de Cayras, avec des débris de tuiles à rebords caractéristiques de cette époque. D'autres vestiges (*tegulae*, tuiles, navettes...) ont été trouvés de part et d'autre des coteaux de la Marcaissonne.

Au temps des Wisigoths

Plus tardif puisqu'il date de l'époque wisigothique ou de l'époque mérovingienne, un sarcophage de l'école d'Aquitaine en marbre blanc de Saint-Béat a longtemps été conservé dans la propriété du Domaine du Bousquet. Récemment déménagé, il a intégré les collections du Musée Saint-Raymond (don de la famille Daléas). D'inspiration chrétienne, il a jadis été reconverti en abreuvoir pour les chevaux en dépit de sa beauté.
Arrive le temps des invasions barbares qui commencent au IVe siècle. Les Wisigoths s'imposent dans notre région où ils sont bien acceptés car ils respectent les lois et les usages. Le Code d'Alaric n'est en effet qu'un abrégé du Code romain de Théodore. Seuls les grands propriétaires regrettent l'Empire romain car les Wisigoths obligent les possédants à leur céder deux tiers de leurs terres et un tiers de leurs esclaves. Quant au citoyen lambda, comme il n'y a plus d'administration fiscale, il apprécie de ne plus payer d'impôts.
Le peuple préfère donc les Wisigoths aux Romains, ce qui permet de mesurer l'importance de la victoire d'un certain saint Orens. Derrière la personne qui a donné son nom à notre ville se cache un évêque d'Auch dont les prières, en 439, auraient permis de sauver Toulouse de la domination romaine. En hommage, les Capitouls ont édifié une église sur le site où la bataille se serait déroulée. Après sa béatification, les communautés de notre future ville ont pris Orens pour protecteur.
Les Francs ayant triomphé de l'armée des Wisigoths et des Auvergnats lors de la bataille de Vouillé au printemps 507, Toulouse devint le siège d'un simple comté bénéficiaire des états de Clovis, roi des Francs, et est rattachée à la France. En 675 est fondé le duché d'Aquitaine dont Toulouse et ses alentours font partie. En 778, Charlemagne crée le comté de Toulouse, territoire qui sera annexé par le roi de France en 1272 suite à la croisade contre les Albigeois.

Sarcophage paléochrétien de saint Orens. La face principale, en partie mutilée, offre une alternance de quatre panneaux à décor végétal et de trois panneaux à personnages dont un Christ imberbe arborant un rouleau. Des rinceaux de vigne ou de smilax ornent deux faces latérales tandis que la quatrième face, probablement adossée autrefois contre un mur, est restée en marbre brut. À l'intérieur, à chaque extrémité du sarcophage, figurent deux coussinets. Une feuillure sur le rebord de la cuve permettait l'emboîtement d'un couvercle.

Ancien puits sur les coteaux de Cayras

Cayras, Lantourville et Gameville

Il faudra attendre 1371 pour voir apparaître le nom de notre ville écrit en entier, dans un document daté du 21 juillet mentionnant la division en trois portions de la seigneurie de Saint-Orens de Gameville : un tiers revient au noble Raymond de Gameville, un tiers au Chapitre de Saint Étienne à Toulouse et un tiers à Guillaume Delagarrigue.

Profitons de l'occasion pour souligner que le nom de Gameville atteste l'occupation de notre région par les Wisigoths et les Francs. Nom d'homme (Wam) en première position, objet possédé en second : la construction du nom « Gameville » répond aux habitudes des langues germaniques.

Ces trois portions sont restées séparées pendant quatre siècles avant d'être réunies à nouveau, par rachats et successions, entre les mains du noble Guillaume de Chabivan de Saint-Orens. Celui-ci vend une partie de ses biens au roi de France le 3 septembre 1674. Reconnaissant, le roi lui permet de porter désormais le nom en son entier : Guillaume de Chabivan de Saint-Orens de Gameville.

Appartenant à la viguerie de Toulouse, trois communautés aux origines obscures se développent séparément : Cayras, Lantourville et Gameville, la plus importante. Elles dépendront plus tard de l'administration du Languedoc et formeront au plan ecclésiastique la paroisse de Saint-Orens. Chacune est administrée par deux consuls nommés par le seigneur qui tient ce pouvoir du roi. Après 1718, ces consuls sont nommés par le Conseil général de Communauté puis par le Conseil politique.

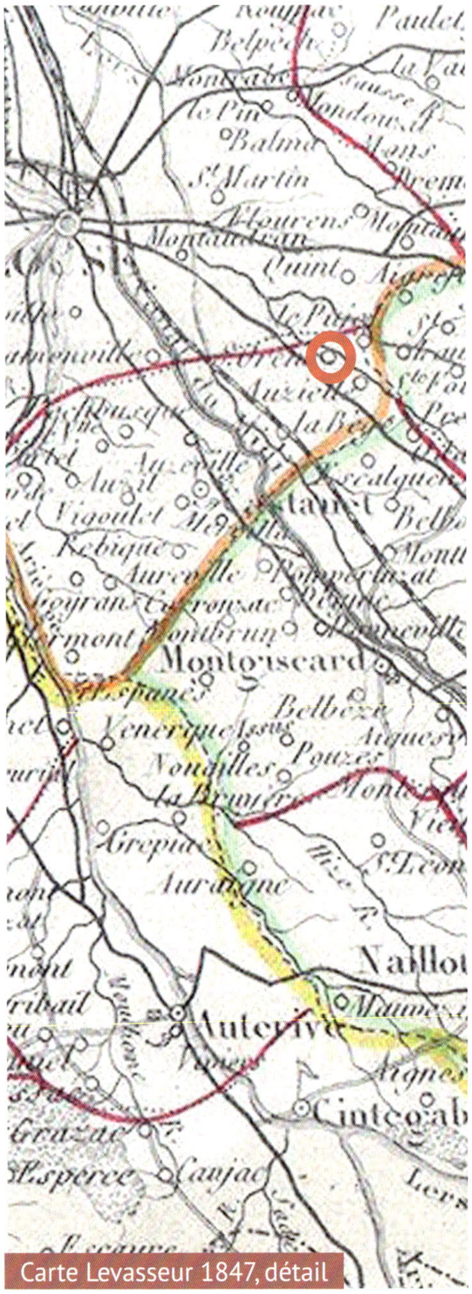

Carte Levasseur 1847, détail

L’avenue Augustin Labouilhe en 1900 avec au fond, à droite, la maison de retraite du même nom, construite en 1882.

1900 La Mairie-école. Construite en 1882, la mairie abritait alors dans ses ailes ses deux premières classes séparées, au centre, par une pièce servant tout à la fois de bureau pour le Maire, pour le secrétaire et de salle de célébration des mariages. Au premier étage se trouvaient les appartements de fonction des instituteurs. À l’arrière de l’édifice, une cour d’école abritée par un préau, et derrière, un jardin avec un puits d’eau potable.

École communale de Saint-Orens, 1915

Naissance d'une commune

Cette situation sera bouleversée par la Révolution, même si les choses se sont passées sans heurts sur notre territoire. En 1790, l'Assemblée nationale divise la France en 83 départements dont celui de la Haute-Garonne. Chaque communauté est invitée à s'ériger en commune et à nommer ses fonctionnaires municipaux. Le 31 janvier, reconnaissant leur moindre importance, Lantourville et Cayras demandent leur fusion avec Gameville. Saint-Orens de Gameville est née ! À noter cependant que, à la suite d'un oubli, le nom de notre ville ne sera officialisé qu'en… 1928.

Les consuls sont remplacés par des maires nommés par l'assemblée générale des habitants. Raymond Dellerm est élu par 12 voix mais il doit se désister car il ne paie pas suffisamment d'impôts directs. Au deuxième tour de scrutin, toutes les voix se portent sur Jean Bellières, premier maire de Saint-Orens de Gameville.

Création de la départementale en 1791, passage du bouilleur de cru à partir de 1805, instauration d'une foire en 1877, fondation d'un hospice en 1882, installation du téléphone et du télégraphe en 1906 suivie en 1912 du premier bureau de poste situé à l'arrière de l'actuelle poste. Partagée entre grandes propriétés et petites métairies, notre commune qui compte 600 habitants en 1900 vivrait très paisiblement sans la folie guerrière des hommes. Après le conflit contre la Prusse en 1870, Saint-Orens subit la Première Guerre mondiale. Place du Souvenir, un monument sous la forme d'un petit obélisque flanqué d'une allégorie de la Victoire rend hommage aux vingt-neuf Saint-Orennais morts ou disparus. Le village hébergera des Poilus venus se reposer et accueillera aussi des réfugiés qui se révéleront fort utiles pour les travaux des champs.

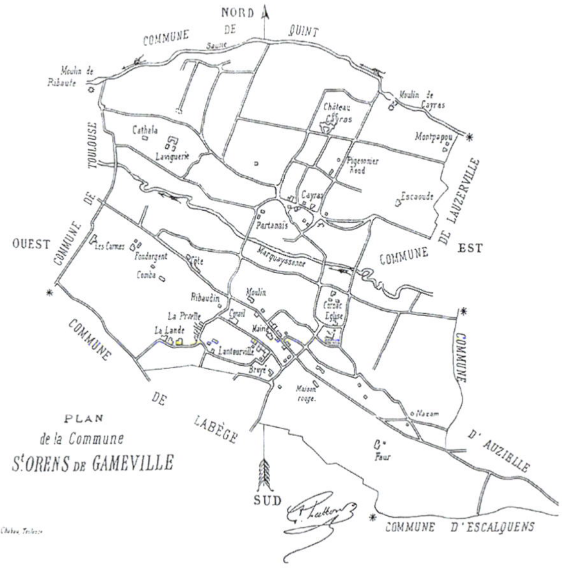

La commune de Saint-Orens, F.-G. Laffon, 1890

Le monument aux Morts vu de la grille qui l'entoure

La croix et le blason

Chacun sa croix, dit-on, mais celle de Saint-Orens de Gameville se distingue du style classique des croix de fer de la région et a été classée aux Monuments historiques par arrêté du 28 avril 1965. Datée de 1578 par le service archéologique du département, elle est constituée de deux fers plats se terminant en forme de fer de lance. La Sainte Lance et la Sainte Éponge sur son roseau encadrent une effigie du Christ, également en fer forgé.

Scellé dans une pierre rectangulaire, posée elle-même sur un socle constitué de deux pierres superposées, l'original se trouve au milieu du rond-point de l'avenue Augustin Labouilhe qui descend vers l'église. Mais on peut aussi retrouver cette croix au sommet de l'église, et reproduite sur un vitrail du chœur.

On la trouve enfin sur le blason de la ville dont voici la description pleine de poésie : « coupé au premier d'or à une croix retranchée chargée de la Sainte Éponge sur son roseau en bande, et de la Sainte Lance en barre, le tout de sable, au second d'argent à deux pals de gueules, mi-parti de gueules à la croix cléchée, vidée et pommetée de douze pièces d'or ».

Le blason de Saint-Orens de Gameville

Croix de Saint-Orens

Les 3 bandes argent représentent les 3 communes réunies en 1790

La croix occitane

Construction de la piscine municipale inaugurée en 1979

Vers la modernité

D'une guerre mondiale à l'autre... En 1939-1945, bien des Toulousains viennent dormir à Saint-Orens par peur des bombardements. Le village n'a pas connu l'Occupation mais des Allemands se sont installés tout près, à Labège. Après les années noires, le comité de libération de la Haute-Garonne reconnaîtra le comité de libération de Saint-Orens le 6 novembre 1944.

La commune reprend des couleurs même si Toulouse, par ses usines, attire de plus en plus les ouvriers. Les champs sont d'autant plus désertés que la mécanisation agricole se répand. On essaie tout de même de retenir les jeunes : une salle accueillant des animations est construite avec des pièces détachées de baraquements de l'armée devenue ensuite club des aînés avant sa démolition pour faire place au « cœur de ville ».

Le monde moderne pointe son nez

Le village commence à se transformer en ville. Des douches publiques sont installées en 1960 ; il faudra attendre neuf ans de plus pour le tout-à-l'égout, suivi du gaz en 1970. L'urbanisation se développe : la Cité Catala, premier grand ensemble immobilier, sera suivie de bien d'autres. Dans les années 1970, tout un pôle technologique, industriel et universitaire s'est implanté

1971, l'école du quartier de Catala. Alors que le lotissement n'était pas fini d'être construit, il a fallu accueillir les jeunes dans les classes préfabriquées.
C'est en 1977 que l'école maternelle et primaire Catala ouvre ses portes sur des fondations en dur.

Vue aérienne, sur le futur quartier d'Altigone

dans la zone sud-est de Toulouse. Avec ses coûts fonciers et immobiliers moins élevés, l'espace qu'elle possède et sa facilité d'accès grâce à la rocade, Saint-Orens en profite largement.

Une gendarmerie, une salle polyvalente, un terrain de sport, une piscine intercommunale, un club du troisième âge, un marché de plein vent, de nouveaux établissements scolaires... Ça bouge à Saint-O !

Les chiffres parlent d'eux-mêmes : 815 habitants en 1962 et 4 500 en 1975. Quinze ans après, la population a plus que doublé en passant à 9 700 âmes. Nous sommes à la fin des années 1980 et au début des années 1990. En 1988, on inaugure Altigone, vaste ensemble dédié à la culture, on dénombre quatre centres commerciaux sans oublier celui de l'hypermarché Leclerc qui trône dans la zone artisanale de Champs-Pinsons, on dispose d'une clinique de rééducation cardiovasculaire et pulmonaire tandis que le lycée Pierre-Paul Riquet se dresse à L'Orée du Bois...

Saint-Orens de Gameville n'en finit pas de grandir. En 2015, elle comptait 11 887 habitants. Mais quelle que soit sa taille, elle n'oublie pas d'où elle vient. Seules de profondes racines permettent de grimper vers le ciel, elle le sait. De la même façon qu'elle marie la nature et la ville, elle marie tradition et modernité. « Une question d'équilibre », comme chante Francis Cabrel.

La légende de l'église

Outre un charme irrésistible, l'église de Saint-Orens possède une belle légende dans laquelle Satan lui-même voit ses noirs desseins tourner en déconfiture...

Le charme et la légende

Si une église dédiée à saint Orens a jadis existé dans la vallée de la Marcaissonne, elle était déjà presque détruite en 1098 quand Émerie de Alteïas, femme de la noblesse, fonda un hospice en ce lieu.
Les Capitouls en auraient fait ériger une nouvelle en 1128. En ce qui concerne celle que nous voyons aujourd'hui, elle est le résultat d'une reconstruction opérée en plusieurs étapes entre le XVe et le XVIe siècle : d'abord la nef, plus tard la voûte, ensuite les chapelles et enfin le clocher-mur triangulaire pourvu de trois cloches.
De type gothique, cet édifice avec des arcs outrepassés et des piliers extérieurs pour contreforts est entièrement construit en briques foraines. Il possède une abside voûtée en « cul de four » décorée par une peinture du XVIIIe représentant l'assomption d'un saint soutenu par deux anges accompagnés de cinq angelots tenant la Bible, la mitre et la crosse. Les attributs d'un évêque... mais s'agit-il de saint Orens ? Selon certains documents, il s'agirait plutôt de saint Antoine.

Repère géodésique scellé sur le mur de l'église

Dans tous les cas, cette église possède l'irrésistible charme de ses congénères du Lauragais, et même quelque chose en plus : elle est l'objet d'une légende.
En voici le récit : « L'entrepreneur se voyant dans l'impossibilité de livrer l'édifice le jour fixé, conclut avec Satan un pacte, en vertu duquel ce dernier s'engageait à terminer l'édifice le jour même, avant que le coq eût chanté, se réservant de prendre la vie à un des enfants de l'ouvrier. Le coq ne chantait pas et l'église allait être terminée, trois briques seulement manquaient au sommet du clocher. L'entrepreneur réveillant sa basse-cour réussit à faire chanter le coq et Satan s'enfuit, abandonnant son ouvrage.
L'église put être livrée sans qu'il en coutât la vie à personne. »
On raconte que, pendant de longues années, personne ne put placer ces briques et qu'il fallut attendre la fin du XIXe siècle pour qu'elles soient enfin posées.

Statue de saint Orens exposée dans l'église

Saint Orens, un évêque de légende

« Quand la légende dépasse la réalité, alors on publie la légende ! » explique un journaliste dans le western de John Ford, *L'Homme qui tua Liberty Valance*. Empruntons cette devise pour parler d'Orentius, autrement dit de saint Orens. Nous aurons d'autant moins de scrupules qu'en l'absence de sources écrites, on connaît très mal la réalité.

Il est né entre 370 et 375 dans une famille noble. Certains lui attribuent une origine espagnole – la ville de Huesca, en Aragon, possède une partie de ses reliques – mais des historiens en doutent. Pour échapper à la charge de gouverneur que son père voulait lui transmettre, il distribue tous ses biens aux pauvres et devient ermite dans une grotte de la vallée du Lavedan, près de Tarbes, où sa réputation de sainteté attire les foules. « Les herbes étaient sa viande, l'eau sa boisson, sa maison un antre, le ciel son toit, la terre son lit et un rude cilice comme vêtement, les reins ceints d'une chaîne de fer » raconte l'un de ses premiers biographes.

Buste de saint Orens *(Orentius)*, cathédrale Sainte-Marie d'Auch

En 410, une délégation du clergé et des habitants d'Auch vient le chercher pour le proclamer évêque. Il prie le Seigneur de lui faire connaître sa volonté, et, « aussitôt, le bâton qu'il tenait à la main prit racine, étendit ses rameaux et se couvrit d'un vert feuillage ».
Ayant accepté sa nouvelle fonction, Orentius s'attache à libérer la région du paganisme. Ses miracles et sa piété attirent l'attention du roi des Wisigoths Théodoric Ier qui lui demande d'intervenir comme ambassadeur dans le conflit l'opposant aux Romains. Le général Littorius méprise cette démarche et promet à Toulouse sa ruine. La bataille éclate en 439 mais les prières du futur saint provoquent l'apparition d'un épais nuage. Perdu aux portes de la ville, Littorius est fait prisonnier avant d'être exécuté.
La mort de saint Orens aurait eu lieu entre 445 et 450, même si l'on a pu affirmer qu'elle date du 1er mai 439. raison pour laquelle Saint-Orens accueille sa fête votive chaque année en mai. Il a été enseveli à Auch dans l'église Saint-Jean de l'Aubépine qui a pris son nom. Dès le VIIIe siècle, l'évêque a fait l'objet d'un culte à Toulouse et ses alentours. Son image a orné par exemple l'une des portes de la ville, et les Capitouls lui ont dédié une procession annuelle.
Ce sont ces mêmes Capitouls qui, en hommage, ont édifié l'église de Saint-Orens à l'endroit où se serait déroulée la bataille.

Route de Villefranche autour de 1880

Les figures historiques

Des Capitouls, un académicien auteur de théâtre et de livrets d'opéras, un baron couvert de titres... On croise du très beau monde dans le passé de Saint-Orens !

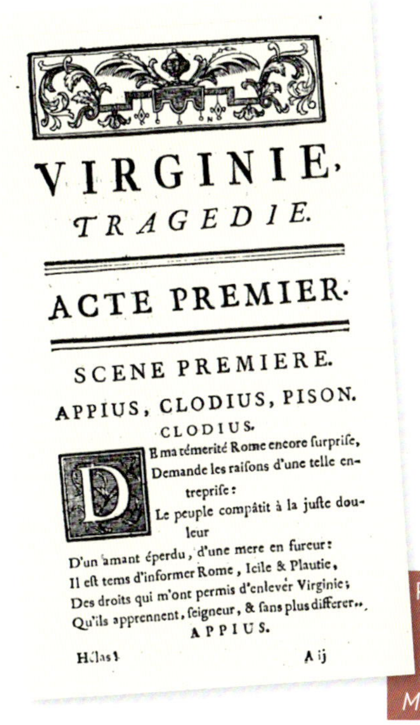

VIRGINIE,

TRAGEDIE.

ACTE PREMIER.

SCENE PREMIERE.

APPIUS, CLODIUS, PISON.

CLODIUS.

DE ma témerité Rome encore ſurpriſe,
Demande les raiſons d'une telle entrepriſe:
Le peuple compâtit à la juſte douleur
D'un amant éperdu, d'une mere en fureur:
Il eſt tems d'informer Rome, Icile & Plautie,
Des droits qui m'ont permis d'enlever Virginie;
Qu'ils apprennent, ſeigneur, & ſans plus differer.

APPIUS.

Hélas ! A ij

Page d'ouverture de la *Tragédie de Virginie*, in *Les œuvres de M. Campistron* 1732

Enluminure du Moyen Âge, le supplice des hérétiques cathares

La famille de Gameville

Les Gameville furent de riches propriétaires terriens. Si l'on en croit le dictionnaire de la noblesse de 1774, cette famille formait une *« maifon très-ancienne en Lauragais, connue dès les XII et XIIIe fiècles et mife [...] au rang de celles qui ont illuftré le Capitoulat de Toulouse. Elle poffédoit les terres de Saint-Orens, Puginier, Montpapou [...] ».*

Pons de Gameville fut le premier Gameville à devenir Capitoul, entre 1180 et 1184. Sa femme Tiburge, le chevalier Sicard de Gameville et lui furent condamnés le 15 avril 1245 pour hérésie cathare, tandis que Blanche de Gameville aurait pour sa part été condamnée à mort trois ans plus tôt.

À partir du XVIIe siècle, les Gameville quittent peu à peu la commune et deviennent seigneurs de terres audoises plus lointaines (Bajoffre, Puginier, Linaret...).

Jean Galbert de Campistron

Issu d'une famille de juristes, ce dramaturge et librettiste est né en 1656 à Toulouse où il mourut en 1723. Mais c'est bien sur le territoire saint-orennais qu'il fit construire le château de Cayras, au sein du domaine familial qu'il élargit progressivement. Parti très tôt à Paris, il y fit la connaissance de Racine grâce auquel, après avoir servi le prince de Conti en tant que secrétaire de commandement, il décrocha la place de secrétaire général de galère du duc de Vendôme.
En Flandre comme en Italie, il suivit ce général de Louis XIV dans toutes ses campagnes militaires et se fit remarquer par son courage. De retour dans notre région où il se maria à 54 ans, il séjourna tantôt dans son hôtel toulousain, tantôt au château de Cayras. Seigneur de Gameville, de Cayras, de Lantourville et de Monpapou, il y exerça la justice.

Auteur de tragédies *(Andronic, Alcibiade, Tiridate...)*, de quelques comédies *(L'Amante amant, Le Jaloux désabusé...)* et du livret d'un opéra-ballet composé par Lully (*Acis et Galatée*), il fut l'un des premiers mainteneurs de l'*Académie des Jeux floraux*, en 1694. Quatre ans plus tard, ce fut l'Académie française qui lui ouvrit les bras.
Une carrière fort honorable, donc, mais l'envergure de Jean Galbert de Campistron n'atteignit jamais celle de son premier protecteur. De méchantes langues le surnommèrent « le singe de Racine », et Victor Hugo en fit le symbole du suiveur sans génie dans un quatrain acerbe des *Contemplations*:

Aux armes, prose et vers ! Formez vos bataillons,
Voyez où l'on en est ; la strophe a des bâillons,
L'ode a les fers aux pieds, le drame est en cellule,
Sur le Racine mort, le Campistron pullule...

Un jugement dont l'Histoire a tempéré la sévérité. Les tragédies du dramaturge sont restées plus de cinquante ans au répertoire du Théâtre-Français. Cela mérite bien un hommage, comme l'ont compris ces touristes étrangers, la plupart du temps asiatiques, qui viennent régulièrement en bus se recueillir devant le château de Cayras.

Une séance au Club des Jacobins en 1791 dans la bibliothèque des Dominicains. Alexandre de Lameth préside, tandis que Mirabeau prononce un discours.

Antoine Rougé

Un homme couvert de titres. Né à Saint-Domingue en 1763, le baron Antoine Rougé regagna la France dans sa prime jeunesse. Après son engagement en 1777 dans le 3e bataillon de Hainaut d'où il est licencié en 1782, on le retrouve lieutenant-colonel en second au 7e bataillon de volontaires de la Haute-Garonne en 1792. L'année suivante, le voilà commandant en chef des chasseurs de la division du centre dans l'armée des Pyrénées orientales, et chef de brigade au mois de septembre.

En 1794, il est promu général de brigade provisoire, grade confirmé un an plus tard. Il combat sur la Fluvià, fleuve côtier de Catalogne, puis prend le commandement du département des Pyrénées-Orientales avant de démissionner en 1796.

Candidat aux élections législatives de 1799, il est battu par les Jacobins. Le 8 juin de cette même année, il prend la tête des insurgés royalistes de la région toulousaine avec le comte Jules de Paulo, mais la bataille de Montréjeau met fin à leurs espoirs. Rentré en France en 1802 après un passage en Espagne, au Portugal puis en Angleterre, il est assigné à résidence à Toulouse.

Louis XVIII lui accorde la croix de Saint-Louis le 5 septembre 1814. Provisoirement nommé commandant du département de Tarn-et-Garonne en août 1815, Antoine Rougé est remis en activité avec son grade comme lieutenant de roi de 2e classe en novembre avant de rejoindre Marseille où il exerce en cette qualité.

Promu officier de la Légion d'honneur en mai 1825, il meurt à Saint-Orens le 17 octobre 1831, dans sa propriété du Corail.

Dessin de DE CAUNES.

M. Raymond LEYGUE, Sénateur, ancien Capitaine au long cours

Préposé au Commandement de la Flotille des Ponts-Jumeaux (Ravitaillement en poisson frais)

Armand et Raymond Leygue

La passion politique de père en fils. Bien que né à Castelsarrasin vers 1805 et mort à Toulouse en 1889, Armand Leygue commença sa carrière en 1834 comme membre du conseil municipal de Saint-Orens de Gameville où il se fit remarquer pour ses actes généreux envers les pauvres. Exilé par l'Empire, il séjourna à Nice puis à Genève et rentra en France après la chute du gouvernement de Napoléon III. Président de la Commission provisoire à Toulouse en 1870, il fut également maire de Castelsarrasin et conseiller général de la Haute-Garonne. À la fin de sa vie politique, il vint habiter Saint-Orens, dans sa propriété de Donadieu, et fut aussitôt nommé conseiller municipal et membre de la commission administrative de l'hospice Labouilhe.
Son fils Raymond Leygue naquit pour sa part à Saint-Orens le 8 avril 1850. Capitaine au long cours, il fut élu député puis sénateur. Il mourut le 15 juillet 1929 à Muret.

Un hospice ouvert en 1882

Augustin Labouilhe

« J'institue, héritière de tous mes biens, la commune de Saint-Orens... » : cette généreuse idée provient du testament olographe d'Augustin Antoine Labouilhe qui, très malade, le rédigea en 1867. Fils unique d'un capitaine en retraite et d'une certaine Bertrande Cammas, ce célibataire né le 21 août 1826 était une âme aussi pieuse que charitable.

« Il sera élevé à la métairie de l'église, un hospice destiné à recevoir les vieillards des deux sexes après l'âge de 60 ans ainsi que les infirmes, indiquent ses dernières volontés. *Il sera servi de préférence par des Sœurs de Saint-Vincent-de-Paul. Si les revenus sont suffisants, l'on admettra les vieillards de Lauzerville et ensuite de Castanet. Le choix sera fait par le maire sur présentation du curé. L'on devra faire dire dans l'église de Saint-Orens deux messes par semaine auxquelles assisteront quelquefois les pauvres. »*

Ce qui fut dit fut fait, en dépit d'une parente d'Augustin Labouilhe qui tenta en 1870 de faire opposition au testament. Le 8 août 1874, le conseil central d'hygiène donna son accord pour la construction sur le lieu désigné. Élaboré par l'architecte M. Laffon, le projet fut

Augustin Labouilhe, huile sur toile

Actuel EHPAD, maison de retraite Labouilhe

confié à deux entrepreneurs de Saint-Orens. C'est à l'occasion de leurs travaux que l'on construisit la briqueterie, en août 1877, du quartier de Cornac.

L'ouverture de l'hospice eut lieu en 1882. À cette époque, il était géré par quatre sœurs de Saint-Vincent-de-Paul assistées par un infirmier, une infirmière ainsi qu'un jardinier. Possédant 40 lits en dortoir, l'hospice devint en 1968 une maison de retraite dirigée par des laïcs. Deux ans plus tard, on rehaussa le bâtiment d'un étage. Il comportait alors 72 chambres individuelles.

Désormais, l'Établissement d'Hébergement pour Personnes Âgées Dépendantes (EHPAD) Augustin Labouilhe est doté d'une capacité d'accueil de 82 lits. Et son fondateur ne risque pas d'être oublié : depuis 1983, une stèle se dresse à l'entrée du grand parc ombragé accessible aux résidents.

Beautés de pierre

Le château Catala

Châteaux et villas anciennes offrent les traces d'un passé qui participe grandement au charme de Saint-Orens. Suivez le guide, s'il vous plaît…

Les dépendances du château de Cayras

Commençons notre visite par le quartier Catala. Même si tout le monde parle de son château, il s'agit en réalité d'une très belle maison de maître datant du XVIIe siècle, entourée d'un grand parc parsemé d'arbres centenaires où il fait bon se promener. Au début du XXe siècle, elle appartenait au père Mayeu, un pasteur protestant qui avait installé à l'intérieur du bâtiment une chapelle dans laquelle il officiait parfois. Désormais, **le « château » Catala** appartient à la municipalité qui l'a rénové dans les années 1980 pour qu'il accueille confortablement diverses manifestations culturelles, familiales et associatives.

Remontons quelque peu et, en obliquant vers l'est, nous découvrirons au sein d'une vaste exploitation agricole **le château de la Viguerie** – une viguerie, rappelons-le, est une juridiction administrative médiévale dans le Sud de la France et en Catalogne. De quand date ce majestueux bâtiment ? On ne saurait le dire avec précision mais au moins du XVIIIe siècle. Selon le cadastre napoléonien de 1808, il fut occupé par monsieur de **Laviguerie**, avocat à Toulouse. Dévolue actuellement à la culture céréalière et à une pension pour chevaux, cette propriété est régie par Thibault Gayet, artiste peintre et sculpteur.

Rejoignons maintenant **le château de Cayras**, édifié en 1750 pour servir de résidence d'été à un prestigieux personnage, Jean Galbert de Campistron. Seigneur de Gameville, de Cayras, de Lantourville et de Monpapou, cet académicien possédait également en ce dernier site un château qui a disparu depuis ; à noter que le nom Monpapou pourrait avoir un lien avec saint Papoul, autrefois honoré dans tout le Lauragais. Quant au château de Cayras, il passa en 1723 dans les mains de Jean-François Vignes-Cayras qui le légua à son fils Raymond Joseph. L'édifice et ses terres connurent diverses aventures avant d'être achetés en 1920 par Joseph Murel, exploitant agricole très considéré et aïeul des actuels propriétaires.

Le château de Cayras

Le château de la Viguerie

Direction sud-est, à présent, où nous attend non pas un château mais **la ferme de Cornac**. Détruit par Augustin Labouilhe qui le jugeait trop humide, le château du même nom a bien existé et son premier propriétaire possédait en outre un moulin pastelier. Le bâtiment qui l'a remplacé est caractéristique des « bordes », fermes céréalières de notre région. Tout en longueur bien qu'organisé sur deux niveaux, protégé du vent par les arbres et par son orientation, il comprenait une partie habitation, une autre réservée aux animaux et un grand hangar charpenté sur des piliers de briques. La ferme appartient désormais à la Ville et accueille différentes activités artistiques comme la poterie ou la calligraphie.

Poursuivons notre promenade en passant devant **le château de Soye** que possédait un banquier toulousain au début du XXe siècle. Il a connu ensuite divers propriétaires séduits par la prestance de l'édifice mais, pour l'instant, nous ne pouvons apercevoir que sa façade car un incendie l'a terriblement endommagé dans les années 1980. Il appartient aujourd'hui à la fondation Rambam.

Le château de Soye

La ferme de Cornac

Il reste néanmoins de belles choses à admirer à Saint-Orens, comme cette maison de maître du **Domaine du Bousquet,** rue de la Pradelle. Datant de la fin du XVIIe siècle ou du début du XVIIIe, elle possédait avant la Révolution une chapelle privée et possède toujours une salle d'armes où des dizaines d'épées et de sabres rivalisent avec des fusils. Le bâtiment entouré d'un grand parc abrite désormais un restaurant ; il se murmure que le père du *Petit Prince*, Antoine de Saint-Exupéry, aurait mangé en ce lieu…

Villa ancienne, avenue de Gameville

Maison de maître du Domaine du Bousquet

Le château Catala vu du parc

On peut aussi rejoindre la vallée de la Saune où trône le superbe **moulin de Cayras** qui cotoyait autrefois un moulin à vent aujourd'hui disparu. Remontant au XVIe siècle, il a fonctionné jusqu'au début des années 1960 grâce à un échange de bons procédés : les paysans apportaient du grain et repartaient avec pain et farine. Si le moulin ne possède plus de mécanisme, son pouvoir de séduction est resté intact, et son actuelle propriétaire a amassé une documentation historique et technique sur les moulins à eau et à vent dont on peut parfois profiter.
Comme on profite de la vue **des villas anciennes**. Certaines s'offrent sans retenue, d'autres jouent les pudiques en se cachant derrière des rideaux de verdure. Restons aux aguets quand nous arpentons Saint-Orens de Gameville : la beauté est au coin de la rue.

Faïence, pierre et brique se conjuguent pour donner tout son charme à la **villa Massot**, flanquée d'un pigeonnier à architecture de caractère et dotée d'un superbe parc arboré. Cette maison bourgeoise a été acquise par la Ville en 2018 : elle aura pour vocation d'accueillir des activités culturelles.

La Villa Massot que la commune a pu acquérir en 2018

Le moulin de Cayras

Saint-

Une ville à la campagne

La ville en vert

Orens de Gameville

Côté nature

Une ville à la campagne

«On devrait construire les villes à la campagne car l'air y est plus pur!»: osons le dire, Saint-Orens de Gameville a exaucé le souhait humoristique du journaliste Alphonse Allais. Ses 1306 hectares se partagent en effet à parts égales entre zone agricole et zone urbaine, laquelle comprend aussi des espaces verts.

Horizons pyrénéens

Un territoire d'escapade et de respiration, et surtout pas une ville-dortoir, s'étend aux portes du Lauragais. Situé dans le canton de Castanet-Tolosan dont il forme la plus vaste commune, il offre deux coteaux et deux petites vallées : celle de la Marcaissonne, rivière qui le traverse en son centre, et celle de la Saune qui constitue sa frontière au nord. Ces deux cours d'eau au débit capricieux sont des affluents de l'Hers.

0° 47 de longitude ouest, 43° 33 de latitude nord. Nous sommes à deux pas de Montaudran, où commence le Lauragais, cette région de vallées et de coteaux dont l'altitude grimpe irrésistiblement jusqu'à la Montagne Noire. La grande Toulouse, avec laquelle Saint-Orens entretient des relations fusionnelles, se situe à l'ouest, à 10 kilomètres. Faisons le tour de la boussole : on trouvera Quint au nord, par-delà la Saune ; Lauzerville et Auzielle à l'est ; Labège et Escalquens au sud.

Panorama depuis les coteaux de l'Albigès... les Pyrénées se confondent avec les nuages à l'horizon

Un territoire d'escapades et de respiration

Possédant chacun leur charme, les quartiers de Saint-Orens peuvent être divisés en trois parties : **Catala et Cayras** sont détachés du centre-ville par la Marcaissonne ; ils forment la seule aire urbaine d'un large espace aux terres fertiles, dont l'Escaoudo, à l'extrémité est, constitue le point culminant de la commune avec ses 214 mètres. **Saint-Benoît, Améthystes-Chanterelles, Corail-Combat, Bellières, Pyrénées-Bel Horizon-Panoramique, Hauts de Gam** et **La Marqueille-Château d'Eau** représentent le centre, répartis de chaque côté de la route de Revel. Enfin, **L'Orée du Bois** et **Firmis-Labouilhe** ont pris place au sud-est, poussant leurs cornes dans le Lauragais.

Un vent de caractère

Tempéré chaud, le climat se caractérise par des étés très secs et chauds, des automnes ensoleillés, des hivers doux et des printemps subissant de fortes pluies et de gros orages. Et si le vent d'ouest domine, si le vent du nord a quelquefois son mot à dire, c'est bien le vent d'autan venant du sud-est et souvent annonciateur de pluie qui montre le plus de caractère. *« L'autan es pas cassaire, es pas pescaire, es pas femnejaire »* (« L'autan n'est pas bon pour chasser, pour pêcher, ni pour courir les dames ») expliquait le dicton occitan. On l'appelle « le vent qui rend fou », voire « le vent du diable », on l'accuse de troubler le comportement des humains et des animaux, il n'empêche : il sait aussi se faire aimer car il est indissolublement lié à notre région.
Voilà, le beau décor de Saint-Orens de Gameville est planté !

Quartier Tucard

Quartier Coustou

Par temps favorable, on peut apercevoir très clairement de Saint-Orens, le majestueux mont Valier (près de 100 km à vol d'oiseau

Quartier de L'Orée du Bois

du Bousquet
coléoptères et autres insectes (Capricorne, espèce protégée) ;
• Ils offrent gîte et couvert pour les oiseaux cavicoles et des petits mammifères (chauves-souris...) ;
• Ils sont des refuges pour les salamandres, crapauds et escargots.
Des chiffres qui parlent d'eux-mêmes...
Entretenir la lisière du bois par une fauche annuelle.
Mettre en sécurité les cheminements.
Et vous, que pouvez-vous faire ?

La ville en vert

Entre la zone agricole et les espaces verts de la zone urbaine, Saint-Orens compte 68 % de son territoire dédié à la nature. Consciente de sa chance, la ville s'emploie à la mériter par de nombreuses actions en faveur de l'environnement.

Le bois du Bousquet

Des arbres et des fleurs

Avec le bois du Bousquet, le bois du Coustou, le bois de Tardieu, le bois de Tachou, le parc de Catala, l'espace naturel des Chanterelles, les champs des agriculteurs, les jardins privés ou partagés sans oublier les ronds-points et les lieux emblématiques, la flore prend toutes ses aises à Saint-Orens. Des milliers d'arbres – ils étaient déjà 6 000 en 2014 – dressent notamment leurs silhouettes que sauront reconnaître les promeneurs avisés. Certains alignements de chênes témoignent de l'ancien parcellaire agricole tandis que des plantations d'essences plus diverses, du pin parasol au tilleul en passant par l'érable ou le prunus, ont été créées à mesure que se développaient les nouveaux quartiers.

Majestueux orme, pin parasol, tilleuls...

Balade autour du lac des Chanterelles

Les parcs des châteaux, qu'il s'agisse de Cayras, de Catala ou encore du Bousquet, offrent pour leur part le spectacle de cèdres du Liban, d'ormes lisses ou champêtres, de marronniers d'Inde, de chênes verts, de platanes, de tilleuls, de figuiers, d'érables champêtres, de robiniers faux-acacias, de buis, d'aubépines... Un ravissement !

Et pour développer cette richesse, chaque année en milieu d'automne ont lieu des chantiers collectifs de plantations où, assistés par les services techniques de la Ville et guidés par l'association Arbres et Paysages d'Autan, se retrouvent des associations de quartier, des riverains, des groupes scolaires et des jeunes de la structure Mix'Ados. C'est ainsi que, à grand renfort d'arbustes et d'arbres locaux, se sont étoffés la coulée verte, les abords de la Marcaissonne et du lac des Chanterelles, les chemins de Monfalcou et de Bordeneuve, les jardins d'En Prunet.

Réduire l'usage de produits phytosanitaires, nettoyer et planter de roseaux la mare de Firmis, protéger les berges de la Saune et de la Marcaissonne, abriter le skate-park d'un écrin de verdure : autant de gestes qui s'inscrivent dans le cadre de l'Agenda 21 pour protéger et embellir notre environnement. La commune de Saint-Orens a reçu un diplôme d'honneur pour sa participation au concours Villes et Villages fleuris de 2016 et 2017.

Elle a participé pour la 3e fois en 2018 au concours en espérant une nouvelle récompense à ses efforts.

... et cèdre du Liban, dans le parc du Catala

La maison de retraite Labouilhe vue de l'église

La fine fleur de Saint-Orens

Évidemment ce n'est pas l'unique fleur de Saint-Orens. De la cardamine des prés à la garance voyageuse en passant par ces orchidées sauvages dont on a recensé jusqu'à dix-sept espèces sur le côté non cultivé du chemin de Nazan, un feu d'artifice végétal éclate chaque année sous nos yeux. Mais si une espèce méritait de figurer sur le blason de la ville, ce serait sans conteste la jacinthe romaine, également appelée jacinthe de Rome, ou *Bellevalia romana* pour les érudits. Menacée par disparition de son milieu, elle est classée parmi les espèces prioritaires à protéger. Avec sa grappe de fleurs blanches dont elle se pare entre mi-avril et mi-mai, cette coquette demoiselle se montre très exigeante puisqu'elle ne pousse que dans des sols non pollués, enrichis par des engrais naturels sur des terrains autrefois voués à des pâtures extensives. C'est pourquoi Saint-Orens de Gameville lui plaît : amatrice des prairies humides de fond de vallée, la jacinthe de Rome pousse en colonies dans la vallée de la Marcaissonne et de la Saune. On regarde, on ne touche pas !

Les marguerites s'invitent au lac des Chanterelles

La coulée verte et le lac des Chanterelles

Pour rejoindre le lac des Chanterelles, quel meilleur choix que d'emprunter la coulée verte et son sentier botanique qui part de l'école du Corail ? Réalisé en partenariat avec l'association Arbres et Paysages d'Autan et les écoles, ce corridor biologique parsemé de panneaux explicatifs sur la biodiversité et le développement durable nous plonge aussitôt dans une ambiance bucolique avec ses nombreux arbres et arbustes qui bruissent de chants d'oiseaux.
Nous voilà arrivés au bord de ce lac construit en 1975 sur une surface de 1 ha et d'une profondeur de 2 m à 2,5 m. Un lac artificiel, donc, mais qui offre un cadre idyllique aux poissons, aux canards et bien sûr aux promeneurs qui en font le tour grâce au cheminement piétonnier.
Les abeilles aussi s'y sentent bien, même si le rucher communal qui se trouve dans le bois des Chanterelles rejoindra plus tard la zone protégée près du Centre technique municipal. En attendant, on profite ici de cet espace pédagogique dédié à l'abeille et à son environnement, une initiative créée sous l'impulsion de l'association AREXA qui a pris en charge l'installation des ruches et des panneaux pédagogiques.

La coulée verte

Les Jardins d'En Prunet

Vive le retour à la terre aux Jardins d'En Prunet ! Puisant leurs racines – c'est le cas de le dire – dans les jardins ouvriers, ces jardins familiaux situés chemin des Tuileries, près du boulodrome du quartier Catala, permettent non seulement de cultiver des légumes et des fruits garantis sans pesticides mais aussi le sens du partage et le goût de la convivialité.
Repas en commun et chantiers collectifs (plantation de haies, aménagement des cabanons, installation d'un composteur, mise en place d'une clôture…) permettent de créer des liens tout en communiant avec la nature.
Créés en deux étapes et terminés en juin 2011, ces jardins gérés par l'AJEP (Association pour les Jardins d'En Prunet) proposent aux Saint-Orennais 72 parcelles individuelles de 50 ou 100 m^2, à quoi il faut ajouter une parcelle collective.
« Il faut cultiver son jardin », écrivait Voltaire. Nous n'avons plus d'excuse…

Hôtel à insectes

Des chemins de randonnée

« Moi je préfère la marche à pied », chantait Henri Salvador. Il aurait été comblé à Saint-Orens où les randonneurs disposent de cinq itinéraires différents permettant de découvrir ou de redécouvrir la richesse de la nature et le patrimoine architectural. Des boucles conçues pour toutes les jambes et pour tous les esprits curieux. **La boucle Nord** offre des points de vue enchanteurs sur les coteaux et permet d'admirer des châteaux privés. **La boucle de la Marcaissonne** propose un parcours sportif et une aire de fitness. **La boucle du Centre** nous promène notamment dans le bois du Coustou et permet de rejoindre, près de l'église, la fameuse croix classée aux Monuments historiques. **La boucle des Chanterelles** nous dévoile le paisible lac des Chanterelles, son bois ainsi que le bois du Bousquet tandis que la **boucle du secteur de l'Orée du Bois** nous entraîne en particulier dans le petit bois du Tachou et le chemin creux du Tucard.

Pour les courageux, **la boucle Nature** (11 km) s'invite en ville et offre un panorama complet du territoire entre nature et patrimoine.

Dans tous les cas, que l'on marche une seule heure (Chanterelles) ou trois (boucle Nord), c'est l'assurance de découvrir la faune et la flore d'une nature toujours intacte. Et pour les Saint-Orennais qui préféreraient le vélo, des itinéraires verts et cyclables sont en plein développement.

Le château de Cayras

La boucle Nord « des châteaux » est une boucle intercommunale de 12 km soit 3 h. Elle emprunte les chemins ruraux de Monfalcou, de l'Albigès, de la Martine, de la Bourdette, de la Tuilerie et passe par le « Chemin des planètes » sur la commune de Quint-Fonsegrives.

Vallée de la Marcaissonne

La passerelle du chemin de Bordeneuve

La boucle de la Marcaissonne (7 km soit 2 h) permet d'aller à la découverte de riches faune et flore de la vallée de la Marcaissonne (APPB* de la Jacinthe de Rome). Vous pourrez également profiter du parcours sportif et de l'aire de fitness.

*APPB : arrêté préfectoral de protection du biotope.

Le chemin de Nazan

La boucle dite du Centre (6,5 km soit 2 h) permet de découvrir la vallée de la Marcaissonne, le chemin creux de Nazan et le bois du Coustou. La croix classée au patrimoine historique à côté de l'église termine cette balade.

Le lac des Chanterelles

La boucle de découverte du lac des Chanterelles (4 km, soit 1 h), unique plan d'eau du territoire communal, emprunte les liaisons piétonnes inter-quartiers Corail - Amétystes.

Le chemin creux du Tucard

La boucle de randonnée Sud-Est (5 km soit 1 h 15), emprunte des chemins de la ville ainsi que ceux du SICOVAL. L'intérêt réside dans les paysages naturels et agricoles, le petit bois du Tachou, le cours d'eau Le Bolet, le chemin creux du Tucard, les nombreuses haies bocagères persistantes, etc.

Le héron cendré

La libellule

Au royaume des animaux

Doit-on les compter parmi les Saint-Orennais? Toujours est-il que les animaux se plaisent beaucoup dans notre ville, et on les comprend : ils disposent de tout l'espace et de toute la nature nécessaires. Impossible de dresser une liste exhaustive mais on pourrait commencer par le peuple du ciel avec les rossignols, les chouettes de différentes espèces – effraie, hulotte, chevêche –, les si beaux chardonnerets, les pics épeiches et les piverts, les huppes, ou encore les faucons crécerelles.

Pas de plumes, c'est un fait, mais les chauves-souris hantent aussi les airs pendant la nuit. Nos haies champêtres, nos bosquets et nos arbres isolés leur servent entre autres de gîtes. Et si ces créatures pourtant inoffensives vous effraient un peu, rabattez-vous sur les demoiselles et les libellules : vingt-cinq espèces ont été observées sur la commune, en milieu humide mais aussi

Chouette Chevêche d'Athéna

La salamandre

Le chardonneret

Le pic épeiche

Le gros-bec casse-noyaux

dans des lieux boisés. On a pu en dénombrer une dizaine rien qu'au lac des Chanterelles, travail accompli sous la houlette de Saint-Orens Nature Environnement. Cette association de protection des milieux et habitats naturels de Saint-Orens de Gameville a pour but de sensibiliser les citoyens à la diversité des espèces locales animales et végétales et de développer l'esprit d'observation.

Côté animal, donc, on pourra également surprendre des chevreuils, des sangliers, des blaireaux, des ragondins, des renards à la ZAC du Tucard, des lièvres du côté de Cayras, dont les prairies font aussi le bonheur de pur-sang. Et dans cet inventaire à la Prévert où ne manque que le raton laveur, on trouve six espèces d'amphibiens qui ont fait de la mare du bois du Bousquet leur royaume. Crapaud pélodyte ponctué, élégante salamandre dans son costume jaune et noir... Pour peu que vous évitiez la période d'hibernation, une petite visite sous la pluie en début de nuit vous permettra d'observer facilement ces créatures. Vous en repartirez convaincus : elles se sentent ici comme des poissons dans l'eau.

Saint-

Culture en fête

L'Espace culturel Altigone

Culture à tous les étages

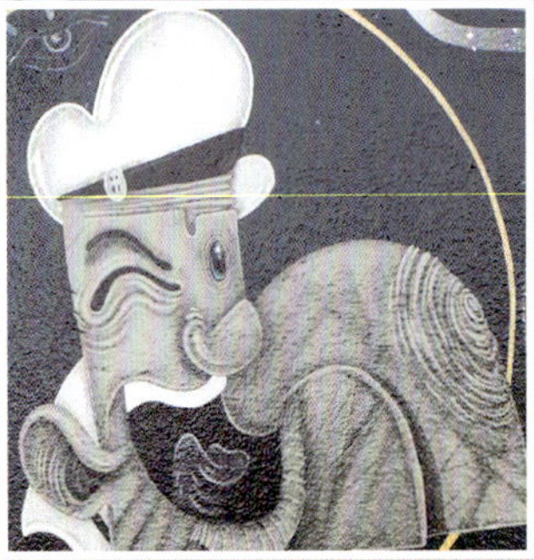

Des ambassadeurs de la culture

Orens de Gameville

Perles de culture

Culture en fête

Des domaines variés, des équipements adaptés, des amateurs et des professionnels débordant de passion, du dynamisme à revendre et beaucoup d'ambition : Saint-Orens ne manque vraiment pas de culture…

Mimi Pinson et son orchestre

C'est la fête à Saint-O !

Les premières fêtes dont nos anciens gardent le souvenir sont sans surprise les fêtes religieuses. Adoration du 18 avril à laquelle participait parfois l'évêque de Toulouse ; Pâques où l'on rivalisait d'élégance tandis que les gens de la campagne mangeaient de la saucisse au retour de la messe pour engranger des forces avant le début des grands travaux ; 15 août où la statue de la Vierge était promenée dans le parc de l'hospice Labouilhe ; ou encore Noël où l'on se délectait de châtaignes avant de rejoindre une église illuminée de cierges et ornée d'une crèche pour la messe de minuit.

Pas question pour autant de négliger les fêtes profanes. On célébrait le carnaval en dansant chaque dimanche après-midi à partir du jour de l'an. La veille du Mardi gras, les jeunes promenaient de ferme en ferme un personnage aux vieux habits remplis de paille, l'occasion pour eux de récolter des œufs, de la charcuterie et de

Cortège de la Mairie au monuments aux Morts, dans les années 1940

Le premier comité des fêtes en 1948

l'argent. Carnaval était brûlé le lendemain tandis que le bal battait son plein. Un grand nombre d'habitants de tous âges et de toutes conditions sociales y prenaient part, dont certains déguisés. Et si certaines coutumes liées à cette fête ont disparu, Saint-Orens célèbre encore et toujours le carnaval.
Comme elle célèbre la fête du 14 Juillet. C'est vrai : on l'a avancée au 13 mais, à l'époque, on la déplaçait au dimanche s'il en était besoin. Fabrication de l'estrade, «barricou» de vin blanc et bouteilles du garde-champêtre, interprétation de La Marseillaise et de quelques chansons en «patois», et bien évidemment le bal républicain devant la mairie: le rendez-vous était très attendu.
Il existait d'autres bals au cours de l'année, notamment celui des conscrits. Et bien sûr ceux de la fête proprement locale qui se déroulait le deuxième dimanche de mai. Anniversaire de Jeanne d'Arc ? Hommage au moine saint Orens dont l'Église commémore la mort le 1er mai ? Le choix de cette date reste énigmatique, ce qui n'a jamais empêché les participants de s'amuser ni la fête d'étendre sa réputation à toute la région : on accourait à bicyclette ou en bus.
«Tape-culs» avant l'arrivée des auto-tamponneuses, jeux comme le mât de cocagne ou la course en sac, banquets, musette pour les jeunes et orchestre de cuivres pour les plus âgés... Les réjouissances étaient légion. Après-guerre, la fête commençait par un cortège de la mairie à l'église en passant par le monument aux Morts. Les disparus honorés par le dépôt d'une gerbe au pied du mémorial, on rejoignait Mimi Pinson et son orchestre sur la place de la Poste. Une farandole de jeunes traversait le village jusqu'au lieu-dit La Fiche, aujourd'hui le rond-point de Gameville.
Le premier comité des fêtes a été créé en 1948. Les années ne lui ont rien fait perdre de son entrain. Entre la Fête de la Musique doublée du feu de la Saint-Jean, les orchestres et les manèges de la fête locale, et tant d'autres animations réparties au fil de l'année, on travaille beaucoup pour bien s'amuser !

Fesitval Partances pour les passionnés d'images de voyage

Trois festivals, c'est trois fois mieux !

Films de globe-trotters, lecture pour les jeunes et arts numériques : le programme des festivals de Saint-Orens de Gameville est aussi varié qu'attrayant.

Commençons avec **Partances**, né en 2004 pour le bonheur des passionnés d'images de voyage et d'aventure. Des années après, l'état d'esprit est demeuré identique, même si le contenu s'est enrichi. Au long de trois jours dans la salle Altigone, on oublie la grisaille du quotidien pour suivre les traces d'aventuriers suffisamment généreux pour partager leurs expériences. Plus d'une dizaine de films sont présentés, défendant des valeurs humanistes et nous insufflant une étonnante énergie. Grâce aux images et aux échanges directs avec leurs réalisateurs, on passe de découverte en découverte et l'on ressent à son tour une furieuse envie de franchir les frontières...

Ces frontières, on peut aussi les franchir dans sa tête grâce à la littérature, et ce dès le plus jeune âge.

Festival du Livre de Jeunesse Occitanie

Ce n'est pas au **Festival du Livre de Jeunesse Occitanie** qu'on dira le contraire. Soutenue par Toulouse Métropole et inscrite dans la Charte de Lecture publique pour favoriser le développement de la lecture et des savoirs, cette manifestation organise dès octobre des événements pour le grand public et diverses actions culturelles (rencontres d'auteurs, spectacles, lectures) avant le festival lui-même qui se déroule le dernier week-end de janvier au lycée. Un thème différent permet chaque année de défendre des livres qui aident les enfants à découvrir d'autres cultures et à comprendre le monde qui les entoure. Expositions, débats, remise de prix, interventions de l'association Lire et Faire Lire 31... Pour énumérer le programme, il faudrait tout un roman !

Concert lors du FAN

Celui du **FAN – Festival des Arts Numériques**, situé sur la place Bellières et dans l'Espace culturel Altigone, est tout aussi chargé entre les tables rondes et les conférences, sans oublier les nombreux spectacles et animations. À destination des familles sans aucune restriction d'âge, aussi bien conçue pour les néophytes que pour les geeks, cette manifestation initiée par la Ville associée à Digital Campus a pour objectif de démocratiser l'accès aux arts faisant appel aux outils numériques. Impression 3D, jeux vidéo, codage informatique, musique assistée par ordinateur, réalité virtuelle, intelligence artificielle... Bienvenue dans notre nouveau monde !

Un bouillon de culture !

N'exagérons rien : Saint-Orens n'est pas tous les jours en fête mais les manifestations sont assez nombreuses pour nourrir abondamment l'esprit et favoriser les rencontres. Citons par exemple la Fête de la Musique que l'on accompagne d'un bon feu de la Saint-Jean, la Fête des Voisins, les Journées européennes du Patrimoine, le rendez-vous de printemps au lac des Chanterelles, le concert à l'église, ou encore la journée de tous les Talents où l'on met à l'honneur les Saint-Orennais dans le domaine du sport, de l'art ou du quotidien. Et certains événements dépassent le cadre du territoire car on peut très bien revendiquer son identité sans se replier sur soi ! Saint-Orens prône résolument l'ouverture, une ouverture favorisée par sa position charnière entre la Métropole toulousaine et le Lauragais. Marathon des Mots, Partir en livre, Jazz sur son 31… Des liens solides sont tissés entre la commune et d'autres acteurs institutionnels, sociaux ou économiques du secteur public et du secteur privé.

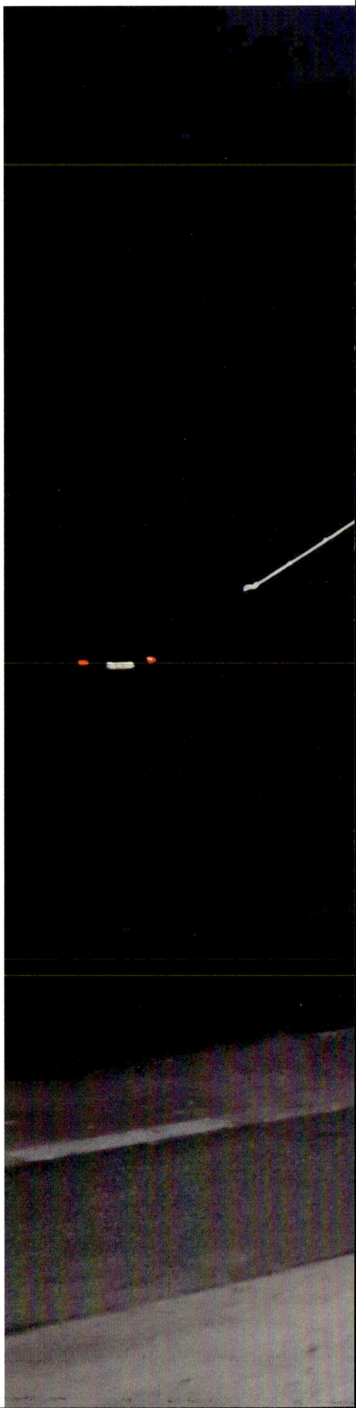

Bal populaire du 13 juillet

Déambulation pyrotechnique
lors de la Fête de la Musique

L'Espace culturel Altigone

Créé en 1988 selon la volonté du maire Gustave Plantade, l'Espace culturel Altigone a succédé à des lieux disséminés et peu satisfaisants, permettant d'offrir à la culture le bel écrin qu'elle mérite.

Vernissage de l'exposition Mai 68 de Tony Ser

Une salle de spectacle et un hall d'exposition

Altigone, c'est un espace aussi bien outillé qu'un couteau suisse ! Il offre tout d'abord une salle de spectacle jouissant d'un équipement technique performant ainsi que d'un confort et d'une acoustique exceptionnels. Théâtre, danse, chanson, musique, humour, cirque, magie : tous les publics, y compris les plus jeunes, trouveront chaque année leur bonheur en se glissant dans l'un des 600 fauteuils moelleux. Et le plaisir des yeux sera complet puisqu'on peut profiter des expositions d'arts plastiques qui se tiennent dans le hall.

Une médiathèque municipale

Altigone abrite également la médiathèque municipale dont le rôle dépasse largement la mise à disposition de romans. Si les rayons de la littérature sont bien fournis, des journaux, des magazines et autres DVD documentaires figurent parmi les 33 300 documents dont regorge cet endroit chaleureux. Ouverte à tous les publics, la médiathèque a tissé des liens avec de multiples partenaires, des groupes scolaires à « l'Espace pour tous » en passant par les maisons de retraite. Elle propose aussi des expositions régulières ainsi que des conférences et des animations comme les « Petites histoires de Claire » ou les « Cafés littéraires ». Et comme elle se veut ancrée dans notre monde, on peut profiter des liseuses numériques, des tablettes et de l'accès au wifi.

Pratique solitaire
ou expérience partagée
à l'école de musique

Une école de musique

Quelques pas plus loin se trouve l'école de musique. Impliquée chaque année dans une soixantaine d'événements rassemblant différents publics, elle accueille 350 élèves – ce qui la classe au quatrième rang du département – autour de 13 instruments tels que la guitare, le violoncelle, la trompette ou encore la clarinette. Forte d'une quinzaine de formations de musique d'ensemble, du quatuor au big band, cette école met à l'honneur la pratique collective, s'ouvre à tous les styles de musique et offre une place de plus en plus grande au chant. Cafés-concerts, « Flût' O' Song », « Swing and strings » mariant le jazz et les cordes dans le cadre de concerts mais aussi de master class… Les mélomanes ne savent plus où donner de l'oreille !

Une école de danse

En toute logique, quand on parle de musique, la danse n'est pas loin. Bienvenue à Altidanse, créée en 1975 et reconnue pour la qualité de son enseignement et des prestations de ses élèves de tous âges. Éveil, initiation, classique, contemporaine, modern'jazz, africaine, hip-hop, break, orientale, indienne et barre à terre... Tout un programme concocté par des professeurs diplômés et pleins d'expérience. Gérée par un bureau de membres bénévoles, l'activité de cette école s'étend aussi à l'Espace Marcaissonne. Stages proposés par les professeurs d'Altidanse ou des invités extérieurs, spectacles dans divers lieux de la région, les manifestations en complément des cours sont légion.

Altidanse : la danse au pluriel

Des ateliers d'arts plastiques

Altigone accueille enfin les ateliers d'arts plastiques de l'association Artgos qui investissent de surcroît la Ferme de Cornac. De la sculpture à la peinture en passant par le dessin, sans oublier les ateliers terre et poterie, de multiples formes d'arts plastiques sont proposées aux adultes et aux enfants. Tout au long de l'année scolaire, les cours sont dispensés par des professeurs diplômés des Beaux-Arts. Deux expositions annuelles ainsi que le « marché des créateurs » permettent d'apprécier le travail des élèves. À noter que des cours axés sur la pratique thérapeutique de l'art sont également proposés en partenariat avec la maison d'accueil spécialisée « Les Champs Pinsons » et le foyer « La Demeure ».

Salon des créateurs organisé par Artgos

Le forum en photos

Une myriade d'associations

Les associations font la force de Saint-Orens. Il en existe pas moins de 130 dont un grand nombre dévolues à la culture.

Arts, chant, cirque, danse, écriture, philosophie, photographie, théâtre : autant de domaines culturels dans lesquels s'exercent la passion et l'enthousiasme de nombreux bénévoles. Ces foyers de créativité disposent d'une Maison des Associations située place de la Fraternité, dans la Ferme de Soye. Impossible de les citer tous mais on peut les rencontrer chaque année au traditionnel Forum en septembre où ils vous attendent à bras ouverts.
Certains acteurs artistiques présents sur la commune, tels Artgos, Altidanse, Théâtre et Compagnie, EPSO, Text'orens, Cant'Orens et l'École de Musique, ont souhaité conjuguer leurs talents au sein d'un réseau appelé « l'Atelier ». Son objectif : favoriser les échanges et la création à Saint-Orens en mettant l'accent sur la pluridisciplinarité. Pour multiplier les plaisirs, il faut les partager...

Zoom sur la culture

Remise des prix des Arts littéraires **(ALCA 31)**

L'Afrique à Saint-Orens avec **Univers Lutin**

Hip hop avec **Altidanse**

EPSO : la photo, une seconde nature

Les talents à l'œuvre chez **Artgos**

Danser à Saint-Orens, eh bien dansez maintenant !

Rionzensemble joue la comédie

Les Amis des arts : une équipe très enthousiaste

Les miniatures de **Patbrune's craft**

L'Atelier Théâtre de la Compagnie de l'Esquisse : de la bonne humeur !

Text'Orens : l'amour des mots

Bricolage avec **L'outil en main**

Culture
à tous les étages

Lieux de spectacles, d'expositions, de conférences...
Au-delà d'Altigone, l'art, le savoir et l'émotion savent toujours où se loger à Saint-Orens.

Inauguration de l'Espace Lauragais en décembre 2017

La culture en ses royaumes

La culture ne sait plus où donner de la tête… Elle est chez elle dans tant d'endroits de Saint-Orens de Gameville, comme à l'Espace Marcaissonne qui, inauguré en 2012, accueille notamment des cours de théâtre et de danse ainsi que les fameuses conférences mensuelles d'ALCA31 (Association de Loisirs culturels et artistiques), présidée par l'érudite Maryse Carrier.

Inaugurée en 2016, la salle Jean Dieuzaide, baptisée du nom du célèbre photographe toulousain disparu en 2003, est notamment destinée à accueillir l'association Expression Photographique Saint-Orennaise (EPSO).

Inauguration, en 2016, de la salle Jean Dieuzaide en présence de Jacqueline, l'épouse de l'artiste, et de leur fils Michel

Cant'Orens en concert

De son côté, Mix'Ados offre un espace éducatif de loisirs pour les jeunes de 11 à 18 ans géré par l'Amicale laïque. Situé à l'ancienne poste, ce lieu d'apprentissage de la citoyenneté cultive l'esprit de découverte, d'ouverture et de partage.
Comme si tout cela ne suffisait pas, la culture a aussi sa place à l'Espace Marcaissonne, au Château Catala et dans son parc, ainsi qu'au lac des Chanterelles pour un rituel rendez-vous de printemps. On la célèbre également au cœur de la ville dans l'Espace Lauragais, un lieu d'activités polyvalentes intégré à l'école Henri Puis, où la convivialité est reine.

Au salon Art Toulouse, à l'Espace Lauragais, mars 2018

Deux ambassadeurs de la culture

Sur le scène d'Altigone en avril 2018

Thibaut Garcia

Aux musiciens bien nés, la valeur n'attend pas le nombre des années. Thibaut Garcia n'avait que 7 ans quand il a découvert la guitare grâce à Robb Storar, son professeur à l'École de Musique de Saint-Orens. Après un Prix de Musique de Chambre et un Prix de Guitare « mention très bien à l'unanimité avec les félicitations » au Conservatoire de Toulouse, il est admis à 16 ans au Conservatoire national supérieur de musique et de danse de Paris.

Depuis, Thibaut Garcia enchaîne les albums chez Warner Classics Erato, les concerts dans le monde entier et les distinctions. Il a décroché le Premier Prix du Concours international de Séville en 2013, toujours en Espagne, le prix « José Tomás » à Petrer en 2014. L'année suivante, il est nommé filleul de l'Académie Charles Cros Guitare et remporte dans l'Oklahoma son plus grand concours, la GFA (Guitar Foundation of America). En 2017, la BBC le nomme « New Generation Artist ».

Orchestre national du Capitole de Toulouse, Orchestre philharmonique de Baden-Baden, orchestres de la BBC... Les plus grandes formations profitent de son immense talent, et l'on ne compte déjà plus les artistes prestigieux auprès desquels il s'est produit en musique de chambre.

100TAUR

De son vrai nom Nicolas Giraud, ce plasticien, peintre, sculpteur et graveur a, après un passage aux Beaux-Arts, fait son apprentissage auprès du sculpteur graveur Marc Dautry, dans sa ville natale de Montauban.
Fasciné par les mythologies du monde entier depuis qu'il est enfant, il articule son travail autour de la figure du monstre, dans un élan de profonde adéquation avec la nature. Rattaché au mouvement Low-Brow qui développe une culture populaire et permet de s'exprimer sur tous les supports, Nicolas Giraud expose régulièrement aux Etats-Unis, en Italie et en France. Pendant plus d'une année, 100TAUR a investi un bâtiment désaffecté de Saint-Orens de Gameville afin d'y produire de nombreuses fresques aussi bien à l'intérieur que sur les façades extérieures. On lui doit également la plus grande œuvre de street-art de Toulouse, dans le quartier des Minimes. Son talent est à l'image de son univers : fantastique.

Atelier et fresque éphémère de 100TAUR dans une friche de la ville en 2017

Et bien d'autres encore…

Saint-Orens se révèle comme une véritable pépinière de talents artistiques. C'est vrai dans la littérature avec Corine Chauveau, alias **Coco Camel** dont le roman *Je reste Zen !* aux éditions J'Ai Lu a séduit des milliers de lecteurs. Ont suivi *Je reste Zen ! Retour de Moscou* et *Comment maigrir sans rien manger* en attendant de nouvelles publications.
De son côté, le romancier et dramaturge **Pierre Mathiote** s'est également distingué dans l'écriture de scénarios, la production et la réalisation pour la télévision et le cinéma.
Claudine Thibout-Pivert a elle aussi plusieurs cordes à son arc. Pratiquant la danse et la musique en amateur, elle s'illustre en outre dans le domaine de l'aquarelle et de la poésie ; elle a obtenu de très nombreuses récompenses littéraires.
« Historien de formation, écrivain par vocation, conférencier par tempérament » : c'est ainsi que se définit **Jean-Pierre Temple**. Passionné par les mythologies et le catharisme, il a notamment écrit *Mythologie pyrénéenne* et *Fables d'automne*.
Henri Goursau a pour sa part écrit et édité pas moins de 56 dictionnaires ! Aéronautique et spatial, mais aussi cuisine, football, langues régionales ou encore médecine : aucun domaine ou presque ne lui est étranger. Le Guinness des records l'a même accueilli en 1977 pour avoir intégré le plus grand nombre de langues, soit 16, dans un dictionnaire.
Dans un tout autre genre puisqu'il s'agit de théâtre, **Jérôme Jalabert** nous permet chaque année de fréquenter Molière. En 1996, cet acteur et metteur en scène de la compagnie Esquisse a présenté *Le médecin malgré lui* à Altigone. Depuis, tous les mois de janvier, 15 000 scolaires de Toulouse et de sa région découvrent grâce à lui quatre pièces du dramaturge qui a donné son surnom à la langue française.
Les arts plastiques sont également bien servis à Saint-Orens de Gameville, en particulier par le talent d'**Annie Tcham** qui excelle à représenter le corps humain dans une œuvre à la fois figurative et moderne, multipliant les techniques et les types de supports. **Pierretta Sakellariou** ne manque pas non plus d'inspiration ni de savoir-faire, ce qui lui a valu en 2001 le prix du Conseil régional pour l'ensemble de ses toiles au Ve salon d'hiver de Saint-Orens.
Terminons ce rapide tour d'horizon du (beau) monde culturel en rendant hommage à **André Gerbault** à qui l'on doit deux précieux ouvrages : *Laïcité, valeur d'une vie* et *Quatre-vingts ans d'école*. Inspecteur de l'Éducation nationale honoraire et Délégué départemental de l'Éducation nationale, il a reçu en 2017 la médaille de la Ville pour son implication exceptionnelle en faveur de l'enseignement en Haute-Garonne, et plus précisément sur notre territoire saint-orennais.

L'art dans la ville

Première œuvre d'art contemporain exposée dans l'espace public à Saint-Orens, cette sculpture à ciel ouvert belle et moderne, témoigne de l'engagement artistique de la Ville .

« Le Renouveau » de Gérard Bogo

Impossible de la manquer. Elle se dresse depuis janvier 2018 sur le rond-point du Sidobre, à côté d'un bloc de granit, sur l'accès qu'empruntent des milliers d'automobilistes pour accéder au cœur de la ville. D'acier corten et d'inox, à la fois dynamique et sensuelle, cette statue est signée Gérard Bogo, artiste réputé résidant à Saint-Orens de Gameville.
Son nom constitue tout un programme: «Le Renouveau». Il se veut le témoin de l'essor de la ville, un essor né au XXe siècle et qui se poursuit résolument.

Saint-

Le plein de vitalité

Un as du sport
et des cartes maîtresses

Des espaces
pour toutes les pratiques

Orens de Gameville

Atout sport

STADE ST ORENS XV
Carrefour
Labège
VPN

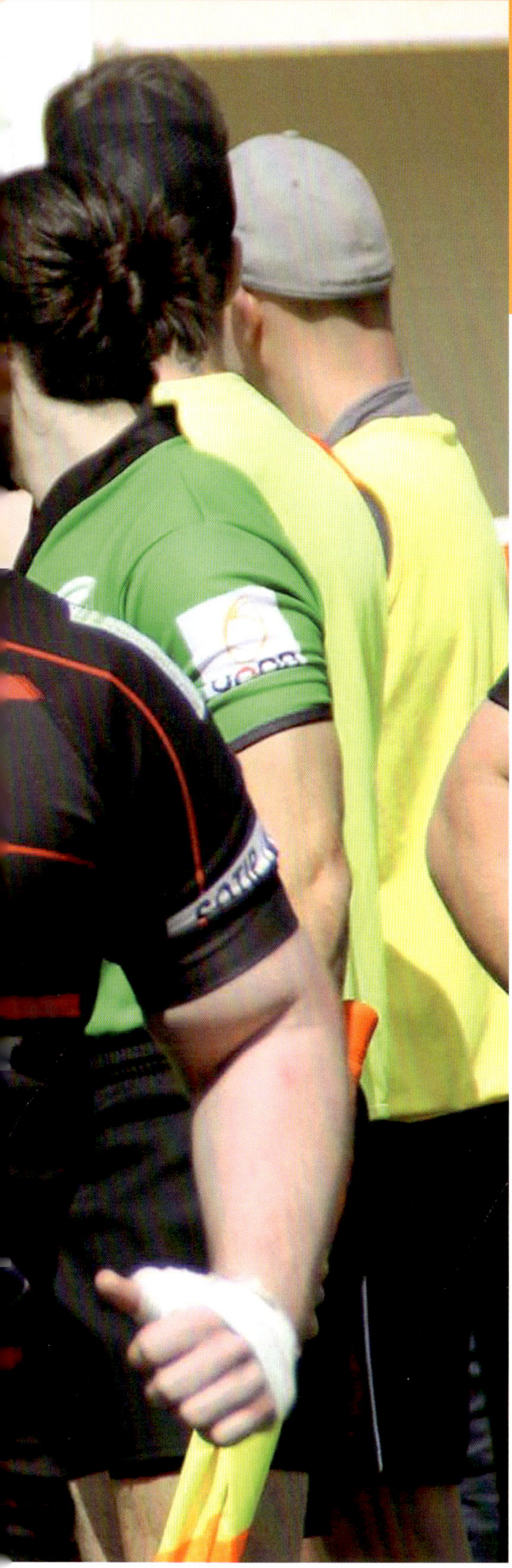

Le plein de vitalité

Entre le dynamisme des associations dédiées au sport, le nombre de lieux où pratiquer des activités sportives, le palmarès dans certaines disciplines et la présence de plusieurs champions, pas le moindre doute : Saint-Orens est une ville qui se *sporte* très bien !

Le rugby féminin : un palmarès historique.
Ce club né à Saint-Orens prit le nom de BSORF (Blagnac Saint-Orens Rugby Féminin) en s'associant avec la ville de Blagnac dont il dépend exclusivement à l'heure actuelle.

Une culture sportive solidement ancrée

À tout seigneur, tout honneur : rendons pour commencer un hommage fort mérité à la Jeunesse Sportive Saint-Orens, JSSO pour les intimes. Ayant vu le jour le 5 avril 1947 sous l'impulsion de jeunes de la ville, elle fut tout d'abord présidée par François Sudre et fonctionna pendant plus de 50 ans. Au chapitre du sport (car la JSSO regroupa aussi des associations culturelles et de loisirs), elle abrita sous ses ailes rouges et noires jusqu'à 27 sections. Créées en 1956, les deux premières concernaient la pétanque et le football . Marceau Dupin, fondateur du club de foot, avait alors prêté un champ où poussait la vigne pour le transformer en terrain... Le basket suivit en 1960, pratiqué tout d'abord sur la place Henri Puis. S'ouvrant en 1967 à la gent féminine, la JSSO éteignit d'un bon souffle de sportif ses 50 bougies en 1997 sous la présidence de Robert Durandet. Elle fut dissoute en 2000 mais a marqué durablement l'esprit de la ville.

Des clubs à succès

Badminton, gymnastique, escalade, judo, cyclisme… Nous n'en finirions pas d'énumérer tous les sports que l'on peut pratiquer à Saint-Orens sous la houlette d'enseignants enthousiastes. Plaisir et partage sont les maîtres-mots de ces activités, cela va sans dire, mais le dépassement de soi peut être également couronné de succès. Ainsi, l'école du club de tennis a formé plusieurs joueurs qui se distinguent à l'échelon national. Même réussite pour le rugby féminin : avant de s'associer au Blagnac Sporting Club Rugby, le SORF a été deux fois champion de France de première division. Devenu l'un des plus importants clubs de roller de Midi-Pyrénées, le Roller Skating Saint-Orens s'est lui aussi distingué à l'échelle nationale. Au tableau d'honneur, toujours, le club de Taekwondo Saint-Orennais avec son impressionnante collection de médailles d'or au championnat de France 2016, ou encore la Savate Boxe française de Saint-Orens qui engrange les récompenses (Alexandre Pujol, champion de France 2015-2016 et vice-champion de France Vétérans 2017 ; Miguel Colome, vainqueur du Tournoi de France 2015-2016, vice-champion de France 2017 ; Lise Renuc, championne de Ligue Midi-Pyrénées du championnat de France Technique ; Maxime Tamhassebi, champion d'Occitanie et demi-finaliste du championnat de France Élite B 2017). Citons enfin – même si la liste est loin d'être terminée – Guillaume Deraisin qui s'est vu décerner, à l'âge de 12 ans, le titre de Champion de France 2017 d'attelage club catégorie poney 2.

GRSO : Charme et talent rencontrent souvent la victoire

Objectif sport

Petit basketteur deviendra grand

Les sports équestres en plein élan

Badminton : les fous du volant

Tai chi, yoga : restons zen

Volley-Ball tout sourire

Les plaisirs de la table

Arts martiaux : sous l'œil du maîtr

Les as du ballon rond

Judo : la voie de la souplesse

Roller Hockey, ça roule !

Les rois de la petite reine

Sport adapté

Randonnée en Ariège : les montagnards sont là

La roller attitude

L'art noble et les gants

Le TCSO labellisé « club formateur » pour la qualité de son enseignement et les résultats des joueurs qu'il a formés...

Des associations très dynamiques

Si on laissait parler les chiffres? Vingt-cinq associations sportives actives. Quatre associations sportives scolaires. Quatre associations yoga. Trois associations proposant des activités sportives (gymnastique, randonnées...). Un tel dynamisme, ça se fête ! C'est pourquoi Saint-Orens propose chaque année une fête du sport où les principaux clubs offrent au public l'opportunité de découvrir leurs pratiques mais aussi de s'y initier. Sports de combat, de raquettes ou de glisse urbaine... Le choix est cornélien.

Pour les jeunes sportifs

Les jeunes sportifs ont la belle vie à Saint-Orens ! La preuve avec Sport'Orens, centre de loisirs municipal qui leur propose des stages multisports pendant les vacances scolaires, ou encore avec les mini-séjours qui leur permettent de dépenser leur trop-plein d'énergie. Ils disposent aussi d'un skate-park, de diverses aires de jeux et de bien d'autres équipements pour développer le corps et aérer l'esprit !

Vincent Teisseire : champion de France et champion d'Europe Boxe Savate Française

Compétition de rugby à XIII en fauteuil au gymnase du Lycée Pierre-Paul Riquet en partenariat avec le club de basket, le STRH, le Stade toulousain handisport et la Fédération de rugby à XIII.

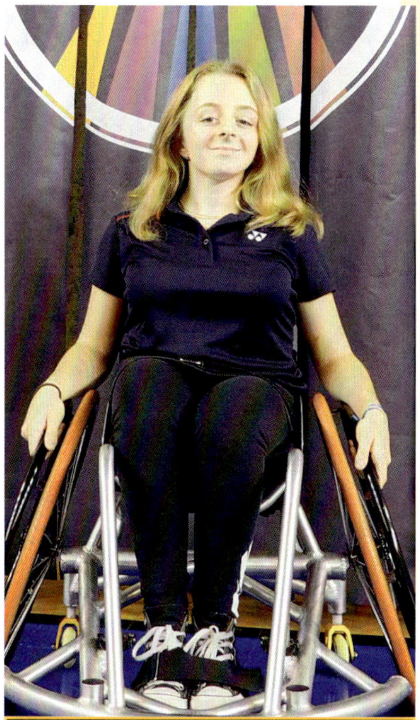

Marilou Maurel, vice-championne de France en double dame de parabadminton, sélectionnée pour les championnats d'Europe 2018.

Handisport : vive la mixité !

Saint-Orens est très fière de s'impliquer dans l'organisation d'événements handisport jusqu'au plan international. La ville a ainsi accueilli le tournoi de tennis régional handisport en 2013, la Coupe de France de basket handisport en 2017 et 2018 et la Coupe du Monde de rugby à XIII handisport en juillet 2017, en attendant d'autres manifestations d'envergure. Par l'intermédiaire du comité départemental (CDH31), elle accompagne les clubs afin qu'ils créent en leur sein des sections handisports, comme ce fut le cas pour le club de badminton. Une règle d'or : la collaboration étroite entre valides et non-valides. Dans cet état d'esprit, le club de basket de Saint-Orens a noué des liens privilégiés avec le club handibasket Toulouse Iron Club. Le sport sous l'égide de la mixité.

As de pic

Il adore les cimes enneigées des Pyrénées et d'ailleurs. Portrait d'un sportif qui a marqué les esprits...

Louis Audoubert

Pyrénéiste, alpiniste, mais aussi photographe, cinéaste et conférencier: Louis Audoubert a toujours eu le goût de partager son amour de la haute montagne. Sa vocation s'est montrée précoce puisque, né à Cazères, il pouvait voir chaque jour la chaîne des Pyrénées. Sa toute première expérience concerne le Mont Valier qu'il escaladait dès l'âge de 15 ans, parfois encordé... avec la corde du mulet de son grand-père.

Du Mont-Blanc à l'Himalaya en passant bien sûr par les Pyrénées, Louis Audoubert a enchaîné les exploits. Ainsi, en 1969, il a participé à la toute première expédition de pyrénéistes en Afghanistan. Appréciant autant les aventures humaines que les exploits physiques, cet ancien aumônier a créé la Maison du club « Montagne et Loisirs », entraînant des milliers de jeunes dans son sillage. De la même façon, il a fait découvrir à de nombreuses personnes les joies du trekking et du canyoning.

Amoureux des lacs pyrénéens, il leur a consacré plusieurs livres et possède en outre des talents de cordon-bleu. Ses compagnons de route ne risquent pas d'oublier les confits de canard dont ils se régalaient durant les bivouacs...

Les cartes maîtresses du sport de Saint-Orens

Jean AUDOL

Jeannot pour les intimes, a créé en 1964 avec d'autres passionnés le Saint-Orens Football Club dont il a été président et secrétaire à plusieurs reprises. Disparu en 2011, cet homme de devoir aussi discret qu'efficace s'est impliqué jusqu'au bout dans le tournoi qui accueille chaque année une quarantaine d'équipes de jeunes footballeurs. Cette manifestation porte désormais son nom : un hommage on ne peut plus légitime.

Soane BASTIE

Aux cavalières bien nées, la valeur n'attend pas le nombre des années. 2016 : à l'âge de 10 ans, Soane Bastié se qualifie pour la finale du circuit départemental en saut d'obstacles et pour le championnat de France Jeunes Cavaliers où elle termine 4e. L'année suivante, elle se classe dans de nombreuses épreuves du circuit national, de même qu'en 2018 où elle se qualifie pour le championnat de France cavalier. Un seul mot : bravo !

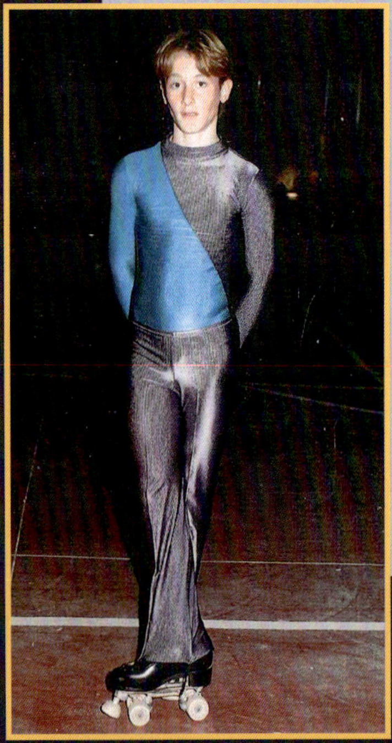

Jérôme MONADIER

Il faut de sacrés poumons pour présenter en un seul souffle le palmarès de Jérôme Monadier en roller artistique. Tentons le coup : champion de France catégories jeunes de 1985, 1986, 1987, 1988, 1989, champion de France junior 1990, champion de France senior 1991, 1992, 1993 et 1994, 3e au championnat d'Europe cadet à Lisbonne en 1987, 8e au championnat d'Europe junior en Espagne en 1989, 5e au championnat du Monde senior en 1991 à Sidney Australie... Liste de titres non exhaustive !

Alphonse CORSO

Ébéniste de métier, ce sportif invétéré est arrivé de Toulouse en 1972. Deux ans après, il fondait le club de judo saint-orennais, qui a formé sous sa tutelle de nombreux champions départementaux et régionaux. Lui-même ceinture noire 2e dan, Alphonse Corso a toujours porté haut ses valeurs empreintes de respect, d'honneur, de discipline et de maîtrise de soi. Cela valait largement la Médaille d'argent régionale de la Jeunesse et des Sports attribuée pour ses 40 ans en tant que formateur, entraîneur bénévole et président de club.

René BASTIDE

Son idylle avec le basket a commencé en 1948. Trois ans plus tard, cet ancien coupeur en chaussures puis polisseur sur marbre entrait au club de Saint-Orens. Joueur durant quatre années, il est ensuite devenu dirigeant pour défendre inlassablement la cause de son sport. Vice-président d'honneur du club, décédé en 2014, René Bastide a reçu le Trophée Coq d'or de la Ligue, récompense majeure destinée aux bénévoles qui ont plus de 60 ans au service du basket.

Jonathan ZAOUCHE

Bon sang ne saurait mentir : se distinguant très jeune dans les compétitions départementales et régionales, Jonathan, fils du président du club, connaît les joies des 8es de finale de Roland-Garros à 13 ans ! Il se qualifiera une nouvelle fois en 2009 pour les 16es de finale de la prestigieuse compétition. Son palmarès à l'échelle de la région est tout simplement exceptionnel. Après plusieurs tournois et de belles performances aussi bien en championnats individuels moins de 18 ans qu'en senior, il atteint son meilleur classement - 4/6. Depuis 2016, il joue en Nationale 3 en match par équipe pour Saint-Orens.

Serge MEXES

Président du Comité des Fêtes, Serge Mexès l'est également du Saint-Orens Pétanque Club, dont les performances ne peuvent que le rendre fier. Classé « Club de Haut Niveau » par la Fédération, le SOPC a disputé en 2017 la phase finale de la Coupe de France à Tours et, l'année suivante, après avoir remporté les 4 tours départementaux, va disputer le troisième tour de la zone Sud. Ses joueurs, parmi lesquels on compte bien sûr Serge Mexès, ont représenté la Haute-Garonne ou la Ligue Occitanie aux Championnats de France à Briançon, Fréjus et Strasbourg. Toujours en 2018, lors du Trophée des Villes, ce sont des membres de ce même club qui ont représenté Toulouse dans une compétition télévisée par l'Équipe.

Des espaces pour toutes les pratiques

Se détendre, entretenir sa santé, s'intégrer socialement, se livrer aux joies de la compétition… Les bienfaits du sport sont innombrables.

Inventaire des équipements adaptés à ses différentes formes, en salle comme en plein air.

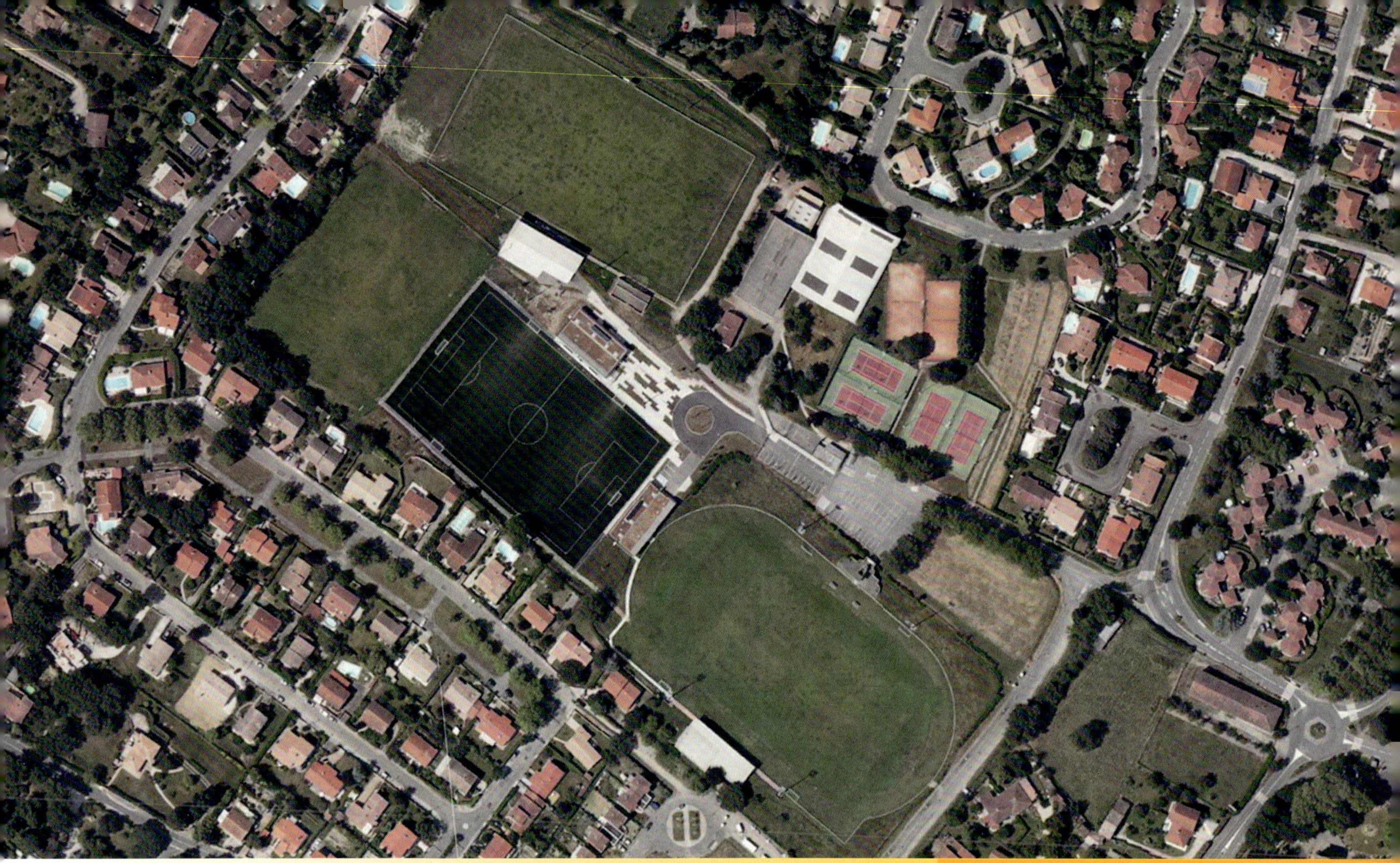

Le complexe sportif, vue aérienne

Le complexe sportif Gustave Plantade

Du nom d'un ancien maire éminemment sportif, ce bouillonnant complexe comprend huit courts de tennis dont 2 couverts, un terrain d'honneur de football, un terrain d'honneur de rugby, un terrain synthétique, un terrain d'entraînement en herbe et un gymnase dédié aussi bien au roller qu'au volley ou au basket. Bref, un creuset dans lequel se mélangent et s'épanouissent de nombreuses disciplines.

... et les vestiaires attenants

La piscine intercommunale

Belle comme une soucoupe volante ou comme la coque d'un oursin, la piscine intercommunale du Sicoval offre un bassin de type Tournesol qui s'emmitoufle en hiver et se déshabille en été – saison où on peut pique-niquer sur l'herbe ou sur les tables mises à la disposition des nageurs. Elle accueille tout aussi bien les particuliers que les scolaires et les clubs sportifs pour des cours de natation ou des séances d'aquagym.

Projet de la Maison des Arts martiaux

La Maison des Arts martiaux

Située dans le secteur d'En Prunet, aisément accessible, la Maison des Arts martiaux dispose d'un dojo d'entraînement de quatre tatamis avec plancher dynamique et de cent cinquante places en gradins, à quoi il faut ajouter une salle de compétition de six tatamis et huit cents places en gradins, ainsi qu'un parking de deux cent cinquante places dont la moitié végétalisée. Un lieu emblématique de l'importance que Saint-Orens de Gameville attache au sport, et qui lui permet de rayonner en accueillant des compétitions non seulement régionales mais aussi nationales et internationales.

Les arts martiaux sont ici chez eux, bien entendu, mais pas seulement. Hébergeant les cours d'EPS de trois groupes scolaires, cette infrastructure belle et moderne est aussi à la disposition d'autres disciplines : la gymnastique rythmique et le tennis de table.

Du sport à l'école, au collège et… au lycée

Les élèves de Saint-Orens profitent d'une profusion d'équipements sportifs. Outre les gymnases, citons le mur d'escalade du collège René Cassin, le plateau extérieur (handball, piste d'athlétisme et basket) du collège Jacques Prévert, la salle de musculation du lycée Pierre-Paul Riquet… Tout est réuni pour obéir au fameux précepte « Un esprit sain dans un corps sain ».

La salle de musculation du lycée

Le skate-park

Route de la Jurge, le skate-park est constitué d'un bowl, de rampes et de divers modules pour une pratique ludique destinée à tous les niveaux, à partir de 6 ans. Roller, skateboard, trottinette, BMX… On y pratique les sports urbains de glisse sous leurs multiples formes.

Le parcours sportif de la Marcaissonne

Quel plaisir que de longer le ruisseau de la Marcaissonne en effectuant à son rythme les exercices du parcours sportif ! Étendu sur 2,5 kilomètres, il comprend sept agrès en bois qui s'intègrent à merveille dans le paysage, et dont les difficultés plus ou moins importantes permettent à chacun d'y trouver son compte. En début de parcours, on pourra également profiter d'une petite aire comprenant trois appareils de fitness extérieur.

Espace à disposition d'activités multiples

Le sport « tous terrains »

Le sport ne compte plus ses royaumes à Saint-Orens de Gameville outre le complexe sportif, la Maison des Arts Martiaux et ses équipements déjà cités. Portant le nom de la Saint-Orennaise internationale de rugby prématurément disparue, le stade Armelle Auclair offre un terrain de rugby qui jouxte le boulodrome à d'En Prunet. Les amateurs de pétanque pourront aussi profiter du boulodrome extérieur de la place Jean Bellières. Marcaissonne propose un terrain d'entraînement de rugby tandis que Catala met à disposition une table de tennis de table et des appareils de fitness financés par l'association du quartier, l'ALAC. Au Corail, à deux pas du lac des Chanterelles, nous attendent un demi-terrain de basket et une étendue verte pour des jeux de ballon. L'Espace Lauragais accueille pour sa part la gymnastique et la section Boxe française (JSSO Savate). Quant à la pétanque, elle bénéficie en particulier d'un boulodrome couvert et rénové en 2018. Une affaire qui roule !

Et n'oublions pas les équipements privés, qu'il s'agisse du Poney Club de la Tuilerie, les écuries Sésame, de Squash Energeia, ou du Club de l'Hers dédié au tennis, au badminton, au padel et au foot en salle.

Casiers du boulodrome

Saint-

Une ville en action

Un marché dans le vent

Orens de Gameville

Échos d'éco

Saint-
de G
Jocelyne Saris

Une ville en action

Ses liens avec Toulouse sont étroits et solides mais pas question d'endosser le rôle de ville-dortoir. Du village à la ville, Saint-Orens n'a cessé de s'épanouir et n'a pas l'intention de s'arrêter en si bon chemin… Pleins feux sur ses activités économiques.

Agriculture : de la vigne aux céréales

Si l'agriculture procura durant très longtemps l'essentiel des ressources, elle conserve toujours une place de choix à Saint-Orens de Gameville. Même s'il est impossible d'établir de façon précise la situation agricole dans les temps anciens des trois communautés qui formeront plus tard Saint-Orens de Gameville, on sait que la culture du pastel y était pratiquée. Le propriétaire du château de Cornac possédait ainsi un moulin pastelier jusqu'à ce que l'indigo ne détrône, au cours du XVIIe siècle, le bleu obtenu grâce à cette plante emblématique du pays de cocagne.

Le siècle suivant fut celui de l'essor céréalier où l'on construisit la plupart des métairies, dites « bordas » (maisons-bloc en terre). Bâties selon un axe Est-Ouest pour les protéger du vent d'autan, elles affichaient l'importance de la propriété grâce au nombre d'arcades : une arcade représentait dix hectares.

Au XIXe siècle, comme en témoigne l'ouvrage *Histoire de la commune de Saint-Orens de Gameville depuis les temps les plus anciens jusqu'à nos jours* paru en 1890, « les coteaux de Saint-Orens [...] fournissent d'abondantes céréales, surtout du blé, du maïs et de l'avoine. De magnifiques prairies bordent la Saune et la Marcaissonne, interrompues seulement par des champs de blé, de maïs et de haricots. [...] Au contraire, les coteaux de Gameville et de Lantourville sont couverts de vignes basses et de forêts ».

Les champs pour horizon

Vue de la ferme

45 %
du territoire cultivé

Le même document indique que « l'élevage des moutons, des oies grasses et des dindons constitue une source d'abondants revenus » et que « l'élevage des jeunes chevaux est peu pratiqué dans la commune de Saint-Orens ». Les vaches seront imposées par les immigrés italiens après la Première Guerre mondiale mais l'essentiel demeure : les boulbènes du nord poussent à la polyculture tandis que les terrains graveleux du sud appellent la vigne.

L'agriculture connaîtra un bouleversement après la Seconde Guerre mondiale : les tracteurs succèdent aux bœufs, on utilise des engrais, et de plus en plus d'hectares sont nécessaires pour s'en sortir économiquement. Si bien des familles possèdent à cette époque de la volaille et un ou deux porcs, le propriétaire du moulin de Cayras entretient pour sa part tout un élevage de cochons qu'il nourrit avec les résidus du blé apporté par les cultivateurs en échange du pain. Échange de bons procédés...

De nos jours, la part de l'agriculture à Saint-Orens s'est nécessairement réduite mais elle concerne tout de même 45 % du territoire communal, soit 590 hectares.

Les principales productions de la commune sont les céréales (blé dur et blé tendre) et les oléagineux (colza et tournesol).

Industrie et commerce : de plus en plus fort !

La révolution industrielle n'a guère touché Saint-Orens mais la ville a su sortir de sa torpeur à la fin du XXe siècle. Débordant d'énergie, elle n'a plus du tout l'intention de somnoler…

Faisons les comptes. À la fin du XIXe siècle, on recensait à Saint-Orens deux boulangers, deux forges, le moulin sur la Saune, la briqueterie qui a notamment contribué à la construction de la maison de retraite Augustin Labouilhe à partir de 1877, un atelier de charroyage et une exploitation de gravier. Publié en 1890, le livre *Histoire de la commune de Saint-Orens de Gameville depuis les temps les plus anciens jusqu'à nos jours* ne cherche pas à le cacher : « L'industrie locale n'a jamais été florissante à Saint-Orens. Elle n'a toujours produit que ce qui était strictement nécessaire aux besoins de la population. Aujourd'hui encore la commune est essentiellement agricole, mais point industrielle. » L'auteur dénombre alors vingt-cinq personnes dévolues à des tâches artisanales ou industrielles, du cordonnier au tonnelier en passant par des épiciers-merciers.
Plus près de nous, on se souvient du sabotier de l'avenue Louis Couderc, du maréchal-ferrant qui était aussi forgeron avenue de Gameville ou encore de ce boulanger, beau-père du maire Henri Puis, dont la boutique sur la même avenue remplira aussi le rôle d'alimentation puis de pompe à essence. Et comment oublier le café, lieu de rencontre du village ? Il s'appelait alors « Café de Lormeau dit Laquette », et l'on y servait du vin « de Mirande » qui était conditionné sur place… Toujours en activité, il a désormais pour nom « Le Saint-O ».

Un progrès inexorable

L'usine Chouvel, en revanche, n'existe plus. Spécialisée dans la conserverie des viandes et sise à Montaudran, elle possédait une annexe saint-orennaise à l'endroit où se trouve maintenant un fast-food. À partir de 1920, on y fabriquera des boîtes de conserve pour divers produits comme le cirage ou les pastilles. La main-d'œuvre n'étant pas spécialisée, l'établissement embauchait beaucoup de monde.
Rue du Bousquet se situait un abattoir dont les activités se sont étalées de 1929 à 1952. Aucun boucher à Saint-Orens : les familles tuaient leur volaille ou « faisaient le cochon ». Seul celui de Castanet prenait place dans une boulangerie tous les samedis. On lui achetait la viande pour le « bouillis » du dimanche.
Mais on n'arrête pas le progrès. En 1979, les Saint-Orennais assistent tout à la fois à la naissance du marché de plein vent et du centre commercial des Arcades. Leur ville se situant à proximité du campus universitaire de Rangueil, le développement de l'aéronautique et du spatial à Toulouse lui profite largement. Les ingénieurs et les chercheurs des entreprises de haute technologie s'établissent dans des lieux agréables et pratiques. Jusque-là essentiellement agricole, la commune se modernise à vitesse grand V. On compte à présent quatre centres commerciaux très dynamiques ainsi que la zone d'activité économique des Champs Pinsons où la galerie commerciale Saint-Orens, forte de 100 boutiques, s'adosse à l'hypermarché Leclerc.
Saluons dans ce domaine le travail de l'association APLICA (Association des Professions libérales et indépendantes, des Commerçants et des Artisans de Saint-Orens de Gameville).

Dans la zone commerciale

Dynamisme et attractivité

Production, services, stockage, commerce : à défaut de pouvoir tout énumérer, on retiendra dans ce foyer d'ébullition la présence des établissements Alinéa, Castorama, Onet Services, SOFERMI, ACFM, Fleuret, Leroy Automation, Pelliculage Midi-Pyrénées, Maçonnerie Moga, Imagin'Expo spécialisé en mobilier pour l'événementiel, Micronutris qui élève des insectes comestibles de qualité biologique, le chocolatier Bello & Angeli couronné de nombreux prix...
Et si l'on devait apporter une dernière preuve du dynamisme de la ville, il faudrait citer le Groupe SCOPELEC. Spécialisée dans les domaines des télécoms, des technologies de l'information et de l'énergie, actrice-clé de l'économie sociale et solidaire en Occitanie, cette entreprise très florissante a choisi notre commune afin d'y constituer en 2018 un pôle regroupant une zone d'entreposage et des bureaux pour accueillir environ 200 personnes. Comment douter après cela de l'attractivité de Saint-Orens ?

Le territoire de Saint-Orens abrite des entreprises innovantes comme Micronitris qui propose des produits protéinés à partir d'insectes comestibles.

Centre commercial des Arcades

Nouveauté
MACARONS
et
les 12
les 18

Un marché dans le vent…

Chaque samedi matin, il accueille des producteurs locaux et s'ouvre régulièrement à des manifestations festives ou citoyennes. Au marché de plein vent de Saint-Orens, « Qualité » rime avec « Convivialité ».

Quel lieu de plus grande convivialité qu'un marché ? Né en 1979, celui de Saint-Orens s'est d'abord situé place Jean Bellières avant d'investir en 1986 la place Henri Puis.
Chaque samedi matin, on y trouvera des producteurs locaux qui proposent des produits de qualité... et de jolis sourires.
L'alimentaire domine mais, du textile au rempaillage en passant par la rénovation, le marché de plein vent s'ouvre à bien d'autres domaines. Le tout dans une excellente ambiance créée notamment par des animations. Blues, gospel, jazz, country... Des artistes viennent régulièrement offrir les fruits de leur talent.
Le marché accueille également des manifestations organisées sur la commune comme la fête locale, la Fête de la Musique, la Semaine du Développement durable, ou la Journée de la Mobilité.
Enfin, il n'oublie pas de dédier un stand aux actions caritatives (Secours Populaire, « Journée mondiale du refus de la misère », « Vaincre la mucoviscidose »...), ou aux jeunes de la commune (Mix'Ados, Amicale laïque, Scouts de France...).

Saint-

Bonheurs de jeunesse

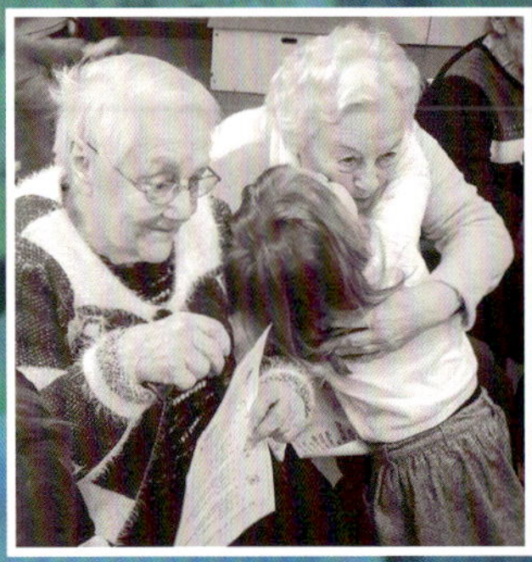

À l'écoute des aînés

Place à la fraternité !

Cœur sur la ville

Orens
de Gameville

La vie ensemble

Bonheurs de jeunesse

Ils représentent l'avenir et illuminent notre présent. Pleinement acteurs de notre cité, les jeunes Saint-Orennais font circuler du sang neuf et des idées neuves !

Rentrée scolaire en musique

Pour les petitous

Il est loin le temps où la mairie, construite en 1882, abritait dans ses ailes ses deux premières classes... De 1900 à 1946, garçons et filles étaient séparés par le bureau de Monsieur le Maire tandis que l'instituteur habitait au premier étage son appartement de fonction. La mixité s'est imposée en 1946 mais seulement pendant les cours ; il a fallu attendre 1969 pour que la cloison de la cour de l'école soit abattue. Si les filles de Saint-Orens n'ont eu droit à l'instruction qu'à partir de janvier 1870, au lieu de 1780 pour les garçons, tous devaient faire le ménage dans leur classe, entretenir le grand poêle à charbon... et subir la forte autorité du maître.
Autres temps, autres mœurs. Les enfants d'aujourd'hui sont beaucoup plus choyés, et ce dès leur plus jeune âge. Les tout petits Saint-Orennais sont accueillis à bras ouverts à la Maison de la Petite Enfance qui regroupe divers services (Multi-Accueil ; Service d'Accueil familial ; Relais Assistantes Maternelles) afin de s'adapter aux besoins des parents et de permettre à l'enfant de s'épanouir. Le LAEP (Lieu d'Accueil Enfants-Parents) offre pour sa part un espace rassurant de jeux, d'éveil, d'échange et d'écoute permettant la socialisation des enfants de 0 à 6 ans et répondant aux questionnements des familles. Deux crèches privées sont aussi à la disposition de nos chers bambins : Babilou, qui les accueille de 10 semaines à 4 ans, et Baby Coccinelle qui plonge les enfants (ou les *children*) du même âge dans un bain franco-anglais.

Trois écoles, deux collèges et un lycée

Entrer à l'école peut emprunter plusieurs chemins en fonction du lieu de résidence. Bien sûr il n'y a plus de classes au sein de la mairie, et le bâtiment de l'école de Cayras, qui a longtemps regroupé les enfants du hameau et des communes voisines, est aujourd'hui occupé par le Secours Populaire. Mais, comme Cadet Rousselle, Saint-Orens a désormais trois écoles maternelles et primaires : l'école Henri Puis, ouverte en 1972 après cinq ans de travaux ; l'école Catala, qui a d'abord hébergé ses élèves dans des classes préfabriquées avant d'ouvrir ses portes sur de solides fondations en 1977 ; et l'école du Corail, dernier groupe scolaire élémentaire construit en 1982.

Trois écoles, et trois établissements d'enseignement secondaire avec ses deux collèges et son lycée. Ouvert en septembre 1977, le premier collège baptisé plus tard Jacques Prévert s'est très vite révélé insuffisant pour accueillir tous les élèves. Grâce à la mobilisation des parents et des élus, un second collège a vu le jour en 1986 ; on le baptisera René Cassin en hommage au Prix Nobel de la Paix. Quant au lycée général et technologique Pierre-Paul Riquet qui fait extraordinairement rayonner notre commune, il naîtra en 1991. Également appelé « lycée de l'espace », il doit ce titre à un projet pédagogique dont l'objectif est d'améliorer au sein du système éducatif la visibilité du secteur spatial, de ses applications et de ses débouchés professionnels.

De jeunes conseillers municipaux

Mais il n'y a pas que l'école, dans la vie... En témoignent les nombreuses initiatives de toutes sortes en faveur des jeunes de la commune. Parmi elles, Mix'Ados, espace éducatif de loisirs géré par l'Amicale Laïque, le Festival du Livre de Jeunesse Occitanie, les neuf aires de jeux réparties dans la ville, les stages Sport'Orens, les mini-séjours.

Que ce soit dans les CLAE (Centre de loisirs associés à l'école) organisés et mis en œuvre par l'Amicale Laïque, partenaire essentiel de la mairie, ou dans le CLAC (Centre de loisirs associé au collège) du collège Cassin de gestion municipale, enfants et adolescents peuvent s'épanouir dans le temps périscolaire autour d'activités culturelles, sportives ou de détente afin que les longues journées d'école comptent aussi de grands moments de divertissement.

Citons encore le Conseil municipal des Enfants composé de six filles et de six garçons, issus de classes élémentaires de Saint-Orens, élus pour deux ans dans le but d'agir et de faire des propositions dans le domaine sportif ou culturel, par exemple.

À Saint-Orens de Gameville, l'avenir se conjugue au présent !

Conseil municipal des enfants

Élus, petits et grands

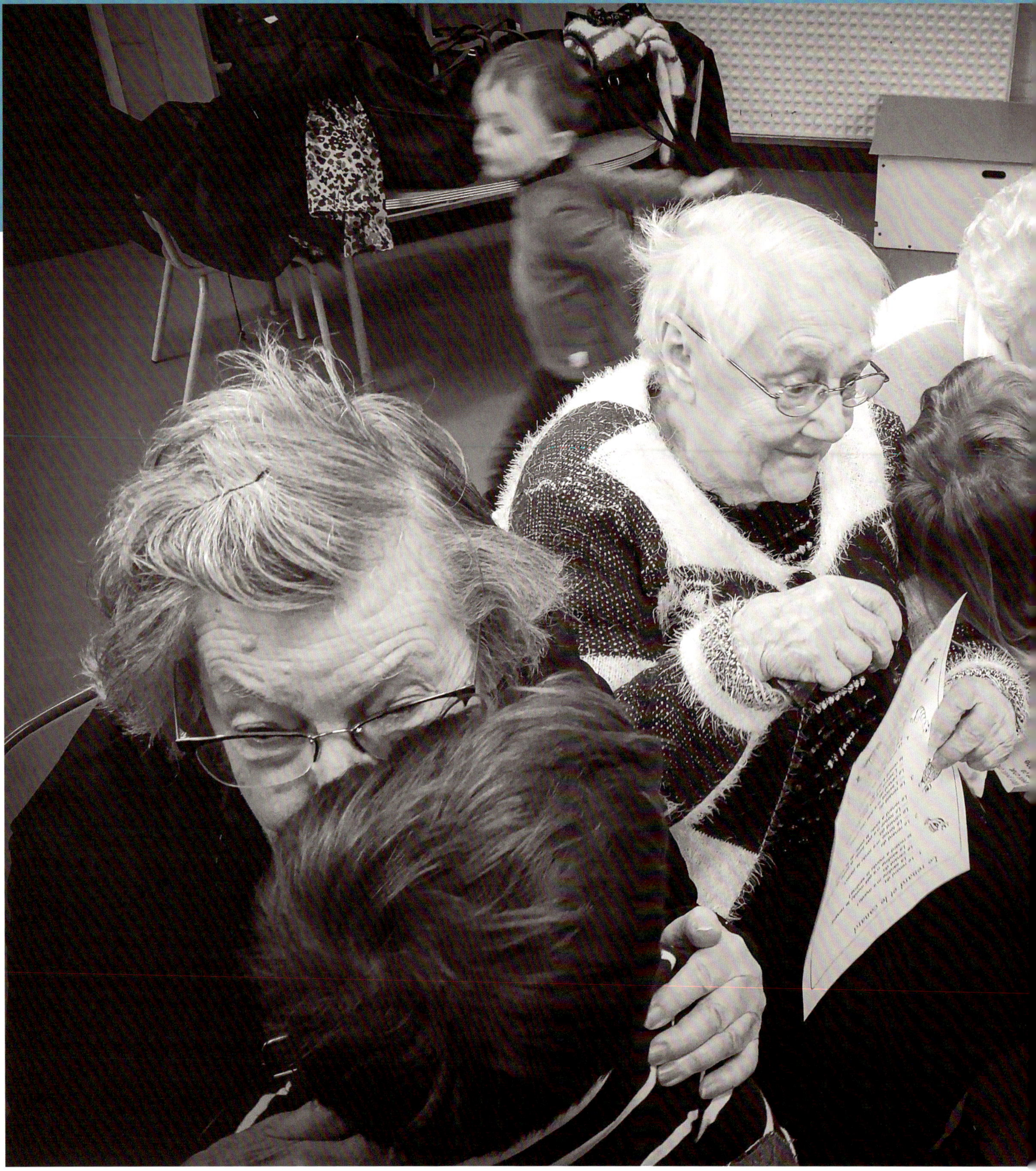

À l'écoute des aînés

« Si la jeunesse est la plus belle des fleurs, la vieillesse est le plus savoureux des fruits », affirmait la femme de lettres Sophie Swetchine. Bien décidée à lui donner raison, Saint-Orens s'est engagée pour les séniors dans une démarche solidaire et intergénérationnelle.

Près de la cabane à lecture

À chaque âge ses plaisirs, dit l'adage, et le Club des Aînés dans l'Espace Lauragais ne se prive pas de les cultiver. Chorale, cinéma, jeux de société, tricotage, couture, cours de langue, animations, marche, gymnastique… Qui peut prétendre après cette liste – non exhaustive – que l'âge vénérable entraîne l'inactivité ? Il ne contraint pas non plus à l'isolement. Ainsi, au cœur de la commune, les résidences innovantes « Le Clos des Mûriers » et « Agranat » permettent par leur conception de tisser et d'entretenir des liens intergénérationnels, un enjeu majeur pour une cohésion sociale digne de ce nom. Le même état d'esprit a prévalu lors de la création du « dispositif Intergénéreux » et des autres initiatives prises en faveur des aînés, tel le réseau gérontologique qui regroupe un ensemble d'intervenants (acteurs sociaux, médicaux et paramédicaux) autour des personnes âgées dépendantes ou en perte d'autonomie.
Ces dernières disposent également de deux maisons d'accueil dans la commune : l'EHPAD Augustin Labouilhe, établissement public autonome médico-social doté d'une capacité d'accueil de 82 lits, et l'EHPAD « Les Jardins de Rambam » qui offre un accompagnement personnalisé pour les personnes atteintes de la maladie d'Alzheimer et qui dispose d'une capacité de 92 lits.

Le sport adapté : la performance au-delà du handicap

À notre santé !

Au-delà des nombreux professionnels exerçant sur la commune dans le domaine médical et paramédical, Saint-Orens bénéficie de la présence du Centre de Rééducation Cardiovasculaire et Pulmonaire, établissement de réadaptation privé disposant d'un plateau technique performant.

La Ville se félicite également de ses liens privilégiés avec l'AGAPEI et l'ADAPEI, associations au service des personnes en situation de handicap mental. Impliquée dans diverses manifestations comme «Ville et handicap», elle accueille sur son territoire plusieurs établissements spécialisés : la MAS Les Champs Pinsons, le foyer de vie La Demeure, la maison de retraite Rambam, la maison de Labouilhe et le FAM (Foyer d'Aide médicalisée). C'est un joli mot, solidarité...

Ferme nomade à la maison de retraite

Place à la fraternité !

Tout pour tous : trois mots pour exprimer la douceur de vivre à Saint-Orens grâce à un nouvel urbanisme et des services dédiés à l'ensemble des habitants.

Une large place pour la Fraternité

Le symbole est limpide : la place de la Fraternité regroupe tous les services d'action sociale de la municipalité. On y trouve ainsi le « Pôle Municipal de Cohésion sociale » qui réunit le Centre Communal d'Action Sociale, le Logement Social, un point d'information CAF et le Point Information Jeunesse. Le bâtiment est précédé par un autre pôle regroupant, rue des Mûriers, le service Environnement, le service Emploi et Relations Entreprises, le Plan Local d'Insertion à l'Emploi ainsi que tous les partenaires associés.

Les Saint-Orennais peuvent de la sorte disposer de nombreux services en un même endroit. La place de la Fraternité comprend également « L'Espace pour Tous », où se déroulent des activités collectives de loisirs favorisant les échanges et la convivialité, ainsi que la « Maison des Associations ». Née de l'ancienne ferme de Soye, cette dernière facilite le fonctionnement des très nombreuses associations de la commune et en héberge certaines de manière permanente. Elle peut aussi accueillir des expositions, des conférences et des réunions dans la salle Jean Dieuzaide où l'association de photographes EPSO expose de façon permanente.

La Maison des Associations : un creuset d'énergies

Cœur sur la ville

Devant l'hôtel de ville qui a retrouvé une nouvelle jeunesse, s'ouvre désormais le nouveau cœur de ville, sécurisé et apaisé, propice à la convivialité.

Villa Massot, vue aérienne

La ville fait peau neuve

Saint-Orens, as-tu du cœur ? La Ville peut fièrement répondre par l'affirmative. Si la Route Départementale 2 –avenue de Gameville– qui la traverse facilite son accessibilité, elle a longtemps constitué un frein aux rencontres et ne procurait ni le confort ni la sécurité souhaitables. Un problème progressivement résolu grâce au projet « Cœur de ville » conçu en lien étroit avec l'architecte urbaniste Louis Canizarès. Son but ? Offrir à Saint-Orens un supplément d'âme, un véritable centre-ville propice à la détente, à la promenade et au plaisir de se retrouver.

Relié au nouveau parvis de l'Hôtel de Ville, cet espace apaisé et sécurisé favorise les déplacements doux (piétons, cyclistes, personnes à mobilité réduite) sans pour autant exclure les voitures. Mariant l'esthétique et la fonctionnalité, il accorde une large place à la verdure et respecte l'identité lauragaise de la commune. Avec ça, de la convivialité à revendre : ouvert à de nombreuses activités, le Cœur de Ville accueille des commerces ainsi qu'une halle gourmande dédiée aux producteurs locaux, une halle sportive et bien entendu le marché de plein vent.

Pas question de renier le passé : ici, on le transcende. Une liaison Nord-Sud facilitée, un stationnement pratique, des équipements de qualité, la proximité des écoles et des associations avec l'Espace Lauragais, une aire de jeux d'enfants... Tout se conjugue pour rendre ce lieu agréable aux Saint-Orennais de tous âges. À noter qu'on y trouve l'un des quatre panneaux digitaux d'affichage de la commune qui permettent de diffuser rapidement les informations de proximité.

Maison de la Petite Enfance

Espace Lauragais

Projet de halle gourmande

Bibliographie

Bulletin de la Société préhistorique française, Tome 36, n° 5, 1939.

Bulletin de la Société des Sciences physiques et naturelles de Toulouse, Tome 4, 1877-1878

Collection du bulletin municipal « Mém'Orens ».

M. Caffort, *Saint-Orens, évêque d'Auch au Ve siècle*, Maîtrise d'Histoire sous la direction de M. le professeur Labrousse, Université de Toulouse, Faculté des Lettres et des Sciences humaines, 1968.

Guilhem Castagné, *Saint-Orens mon village.*

Christophe Deroo, Marcel Durliat, Maurice Scelles, *Recueil général des monuments sculptés en France pendant le Haut Moyen Âge (IV-Xe siècle)*, Tome IV, Haute-Garonne, 1987.

Geneviève Durand-Sendrail, *Le canton de Castanet-Tolosan*, éditions Empreintes, 2009.

Jean-Luc Flohic, *Patrimoine des communes de la Haute-Garonne*, Flohic Éditions, 2000.

Gallia, Tome 12, Fascicule 1, 1954.

Institut régional de Formation sanitaire et sociale, *Le rôle des municipalités dans le développement des villes péri-urbaines : l'exemple de Saint-Orens de Gameville*, Promotion 2000/2003.

Institut régional de Formation sanitaire et sociale, *Croisière à Saint-Orens : une identité à bâbord, une périurbanisation à tribord*, Promotion 2000/2003.

Institut régional de Formation sanitaire et sociale, *Le bonheur est à Saint-O, ou le rapport équipements, services et population*, Promotion 2000/2003.

Institut régional de Formation sanitaire et sociale, *De l'autre côté du miroir : les différentes facettes de la population de Saint-Orens*, Promotion 2000/2003.

Michel Labrousse, *Toulouse antique des origines à l'établissement des Wisigoths*, Bibliothèque des Écoles françaises d'Athènes et de Rome, Fascicule 212e, 1968.

F.-G. Laffon, *Histoire de Saint-Orens de Gameville*, collection « Monographies des villes et villages de France » dirigée par M.-G. Micberth, Éditions Res Universis, 1992 (réédition de 1890).

Le Gameville, « 30 ans d'histoire, tous les services de la mairie et leur histoire », 2000.

L'Église Saint-Orens, document réalisé par l'archiviste de la mairie de Saint-Orens de Gameville.

Saint-Orens Magazine, « 100 ans d'images saint-orennaises, 1900-2000 », 2000.

Crédits photos

EPSO : Expression Photographique Saint Orennaise

- Séverine BOULET : p.20 (bas), 37, 46-47, 70 (2e vignette), 80-81 (haut), 99 (bas), 132 (2e et 4e vignettes), 140-141 (haut), 146 (milieu).
- Nadine COCHARD : p. 26, 27 (haut), 65 (bas), 79 (bas).
- Jean Claude DOLET : p. 63 (haut), 73 (bas).
- Pierre JOUFFRET : p. 18 (haut), 27 (bas), 28, 39 (bas), 42-43, 46, 59 (bas gauche), 60 (fond et vignette), 62 (bas), 63 (bas), 64, 65 (haut), 66 (bas), 84-85 (milieu bas), 86 (2e rangée et milieu), 95, 96-97 (fond), 115 (haut), 121 (bas), 122 (bas), 129 (bas).
- Alain LACHAUME : p. 92, 101 (haut).
- Gérard LAGIER : p. 12 (3e vignette), 38, 57 (bas), 61 (haut), 68 (gauche, le héron), 70 (3e vignette), 83 (bas), 88-89 (fond).
- Marie Christine LERMUZEAU : P. 54-55 (haut).
- Marie Claude MIRAL : p. 44 (haut), 85 (haut), 113 (haut).
- Marjorie MORO : p. 45.
- Olivier RAMON : p. 58 (bas).
- Jean Pierre REDOULES : p. 69 (milieu haut et bas gauche).
- Sabato RENZULLO : p. 52-53 (vue panoramique haut), 130 (haut gauche).
- Jocelyne SARIS : première et quatrième de couverture, p. 12-13 (fond et 2e vignette), 21 (haut), 24-25, 25 (bas), 36 (bas), 40-41 (haut), 42 (bas gauche), 48-49 (fond et 2e vignette), 51 (bas), 54 (bas), 54-55 (milieu bas), 55 (bas), 56-57 (haut), 58-59 (haut), 61 (bas), 62 (haut), 66 (haut), 67, 69 (haut droite), 70-71 (fond), 81 (bas), 82 (haut et bas), 83 (haut), 84 (haut), 89 (bas), 90 (haut et bas), 93 (portrait haut), 96 (2e vignette), 107 (portrait Louis Audoubert), 110-111 (haut et bas), 112 (haut et bas), 115 (bas), 116 (haut), 117 (haut), 118 (1e et 2e vignettes), 120-121 (haut), 124 (haut), 126, 127 (haut et bas), 128-129 (haut), 131, 132-133 (fond, 1e et 3 vignette), 134-135 (haut et bas), 136-137 (bas), 138 (bas), 144-145 (haut), 147 (haut et bas).
- Tony SER : p. 76 (haut).

Service communication de Saint-Orens

p. 8, 10, 11, 16 (bas), 17, 21 (colonne droite), 41 (bas), 52-53 (vue aérienne bas), 70 (1ère vignette), 72-73 (haut), 76-77 (milieu bas), 77 (haut), 86-87 (toutes sauf 2e sur rangée milieu), 91 (haut et bas à droite), 96 (1ère vignette), 98, 100 (haut et bas), 101 (bas), 102-103 (toutes), 104 (haut et bas), 105 (haut et bas), 108-109 (toutes), 113 (bas), 114 (haut et bas), 116 (bas), 117 (bas), 118-119 (fond), 124-125 (milieu bas), 136 (haut), 138-139 (haut), 141 (bas), 142, 143, 145 (bas), 148, 149, 150, 151.

SONE : Saint-Orens Nature Environnement

- Catherine CUBRYCK : p. 68 (bas droite).
- Agnès MESTRE : p. 69 (haut gauche).
- Babette NAVARRE : p. 68 (haut droite).

Concours photo 2015 :

- Ludivine BOCHE-SAUVAN : p. 48 (1ère vignette) 50-51 (gauche).

Concours photo 2017

- Olivier RAMON : p. 59 (bas droite), 78-79 (haut).
- Sabato RENZULLO : p. 122 (haut).

Archives Saint-Orens

p. 12 (3e vignette), 19 (haut et bas), 20 (haut et milieu), 22-23 (haut gauche, droite et milieu bas), 30, 36 (haut gauche), 74 (haut et bas), 75 (haut et bas), 118-119 (fond).

Autres

- Aude BRECHOTTEAU (Level Up Film) : p. 70 (4e vignette), 93 (haut droite et bas).
- Gallica-BNF : p. 12 (1ère vignette), 14-15 (gauche, droite), 16 (haut), 18 (bas à droite), 32.
- Google Earth : 147 (bas).
- Louis AUDOUBERT : p. 96 (3e vignette), 106-107 (haut et milieu bas).
- Le pas d'oiseau : p. 29, 31 (bas), 33, 34, 35.
- Domaine de Bousquet : 44 (bas).
- Janine Lamarque : 109 (René Bastide)
- Compagnie L'Esquisse : 89

Conception graphique - mise en page : Élisabeth Dauban

Achevé d'imprimer

GN Impressions - 31340 Villematier
Email : gnimpressions@gmail.com

Dépôt légal : décembre 2018
Imprimé en France